アカデミック・ハラスメントの解決

大学の常識を問い直す

北仲千里 kitanaka chisato
横山美栄子 yokoyama mieko

寿郎社

装幀　水戸部功

はじめに

「アカデミック・ハラスメント」（アカハラ）とは、大学などの高等教育や研究を行っている組織に特有のハラスメントのことを指しています。この言葉は、一九九〇年代の半ばから使われるようになり、いくつかの変遷を経て、現在では「研究・教育機関における権力を利用したいじめ・いやがらせ」と理解されています。

大学という「象牙の塔」のなかで、強権的な教授が学生や准教授や助教をいじめる——多くの方は、アカハラに対してこのようなイメージを持っているのではないでしょうか。

たしかに、「ゼミで長時間の詰問や叱責を繰り返した」「学生の就職に必要な推薦を指導教員が拒否した」「准教授が、教授から他の大学に移るように言われた」といったケースはよくあります。しかし、教員の指導放棄やプライバシーへの介入など、一般的なイメージとは異なるタイプのアカハラも存在しています。

また、あまり知られていませんが、実は研究不正の背景にアカハラが隠れていることもあります。大学改革が叫ばれ、大学を超えた共同研究が主流となり、研究者コミュニティも成果発表の場もグローバル化して、研究者は評価と競争にさらされています。研究者をとりまく環境は急激に変化しています。誠実に研究に向かっていても、アカハラによって研究不正に巻き込まれ、そのことで研究者としての将来を絶たれることもあるのです。

研究環境を大きく変えた要因としては、大学の大衆化もその一つでしょう。「手のかかる学生」が増え、教える立場の教員が期待する基礎的な知識や教養を持たない学生が多くなる一方で、教育をサービスとして享受する学生の消費者意識は高まりつつあります。教育と研究が一体化している大学院でも、「大学院重点化」政策のもとで同様のことが起こっています。学生を確保しつつ一定の教育の質を保ち、かつ海外でも通用する研究成果をあげていくことを求められる大学教員の苦労は並大抵のことではありません。

そうしたなか、毎年いくつかの大学で「アカデミック・ハラスメント」による懲戒処分が行われ、報道されるようになりました。昔は問題にもされず、被害に遭った人が我慢したり、黙って大学を去っていったりして終わっていたことが、今は懲戒の対象になっています。こうして、泣き寝入りするだけの時代は終わりましたが、研究指導の現場の混乱や迷いは依然としてあります。「学生を叱るくらいのことでハラスメントと言われたら教育できない」「何がハラスメントになるのか明示してほしい」といった批判や困惑の声も聞こえてくるのです。
　また、なかには、「昔はこれくらい当たり前だった」「研究者はそのなかで鍛えられてきた」と言う人もいます。たしかに、指導教員と学生の一対一の指導のなかでの、あるいは実験系のラボのなかでのいじめやいやがらせは、おそらく昔からあったことでしょう。それらの行為が大学で研究し学ぶ人たちの教育研究環境を害する「アカデミック・ハラスメント」という名の「人権侵害」行為であると認識され始めたのはごく最近のことであり、その対策もようやく緒についたところです。そうした意味で、アカハラ問題は古くて新しい問題でもあるのです。

　教育・研究という場で起こるハラスメントは、一般の職場でのハラスメントとは異なる、特有の権力関係と被害の形があります。その特質を理解した上で、大学のなかで起きるハラスメントをどう解決していけばよいのか――。それを知ってもらうことを目的に本書は書かれました。すでに起こってしまったハラスメント被害に対して白黒をつけて、行為者を処分するのではなく、予防のための啓発や注意喚起に徹するのでもなく、今まさに起こっている、あるいは起ころうとしている事態に適切に介入することで、ハラスメントが目に見える形での被害になることを抑える、その処方箋を提示したいと思います。大学などの高等教育機関で、学生・教職員のハラスメント相談に実際に携わっている相談員や対策委員、学内の紛争解決に関わる立場の方々に役立てていただければと思います。

本書の著者である横山は二〇〇四年から、北仲は二〇〇七年から「広島大学ハラスメント相談室」の専任教員として、学内の学生、教職員、保護者など大学関係者のハラスメント相談対応とハラスメント防止教育に携わってきました。ハラスメント相談のために専任の大学教員ポストを置いた大学は広島大学が初めてでした。広島大学は、文部省通達によって他の大学がセクシュアル・ハラスメント防止に着手した一九九九年当時、まだ市民権を得ていなかったアカハラについても規程を定め、防止対策に取り組んできた歴史があります。本書は十数年にわたる広島大学のハラスメント防止対策への取り組みの成果を反映したものです。

しかし本書では、私たちが相談を受けて対応してきた具体的な個別の事案については一切扱っていません。実際に受けてきた相談対応の経験をもとにしていても、本書で扱った事例は特定のものではなく、あくまでも一般化したものです。そのことを理解した上で読んでいただきたいと思います。

アカデミック・ハラスメントの解決

――大学の常識を問い直す

目次

第1章

アカデミック・ハラスメントとは何か

第1節

言葉の整理――キャンパス・ハラスメント、パワー・ハラスメント、アカデミック・ハラスメント

「アカデミック・ハラスメント」（アカハラ）は、最近では、大学や教育の場でのセクシュアル・ハラスメント（セクハラ）以外の嫌がらせ、いわば大学や研究関係者の間のパワハラを指すようになってきています。[※1] たとえば中央大学と東京大学では以下のように定義されています。

教育・研究活動上指導的立場にある者が、その指導をうける者に対し、指導上許容されない発言や行動を行い、その指導をうける者の自由で主体的な学修活動や研究活動、円滑な職務遂行活動を妨げ、個人の尊厳または人格を侵害すること。

（「中央大学ハラスメント防止啓発ガイドライン」[※2]）

大学の構成員が、教育・研究上の権力を濫用し、他の構成員に対して不適切で不当な言動を行うことにより、その者に、修学・教育・研究ないし職務遂行上の不利益を与え、あるいはその修学・教育・研究ないし職務遂行に差し支えるような精神的・身体的損害を与えることを内容とする人格権侵害をいう。

（「東京大学アカデミックハラスメント防止宣言」[※3]）

「アカデミック・ハラスメント」と似た言葉に「キャンパス・ハラスメント」がありますが、こちらは学生間や職員間のいじめ、暴力、セクハラなど、大学キャンパスで起きるさまざまなハラスメントを包括して使われていることが多いようです。また、セクハラ以外の職場でのいじめは、日本では「パワー・ハラスメント」（パワハラ）と呼ばれることが多くなりました。アカハラは、いわばパワハラの大学版ですので、アカハラ固有の話に入る前に、パワハラの問題をめぐる議論の動向について簡単に見ておきましょう。

対策の法令はセクハラのみ

日本では、職場でのいじめ、いやがらせなどについては、セクハラの対策のみが法で定められています。一九九九年の男女雇用機会均等法の改正によって、事業主にはセクハラ対策に取り組むことが求められるようになり、のちの法改正によって措置義務となったことでさらに強制力が強まりました。それに対し、セクハラ以外の職場や大学でのいじめをカバーする法令はまだありません。ただ社会的な関心は高まっており、訴訟も起こされるようになりました。職員のメンタルヘルスを守る上でも、また活気のある職場を作り、大切な職員が職場から去るのを防ぐためにも、早急なパワハラ対策が求められています。すでにパワハラ対策を始めた企業も少なくなく、また多くの大学で、セクハラだけではなくパワハラも盛り込んだハラスメント・ガイドラインや規則が作られるようになってきています。

「相手が不快ならパワハラ?」ではない

パワハラ、アカハラとセクハラとでは問題のポイントが少し異なります。セクハラでは、行われた性的な言動が「相手の意に反してなされた」こと、または「相手は歓迎していない」「相手にとっては不快な」ことであることが、判断の上で重要な要素です。相手が同意していないのに性的ニュアンスをもつ言葉や行動を示すことは、性的権利の侵害になるからです。また、性的な言動は、通常は仕事内容の一環ではないことが多いので、職場で性的な言動がなされること自体が非常識で不真面目、失礼な振る舞いとみなすことができます。したがってセクハラかどうかの判断基準は、片方にはとくに悪意がなかったとしても受け手が「同意しているかどうか」「不快と感じるかどうか」となり、こうした考え方から、「あなたが不快と感じたら、それはセクハラです」という言葉が啓発キャンペーンなどで使われています。また、その背景には、職場の女性蔑視や、セクハラがなぜ問題なのかを理解していない男性社員がいるという、ジェンダーの違いによる認識の差があります。だからこそ、セクハラをめぐる議論においては、「された相手が同意していないこと、不快に感じるということ」という判断基準を置くことに意味があります。[※4]

しかし、パワハラやアカハラのケースでは、「あなたが不快と感じたら、それはハラスメントです」と言うことはできません。なぜなら、パワハラやアカハラで行われていることは、業務や教育指導の延長線上のものが多いので、セクハラの性的な言動のようにそれ自体が「非常識」とは言い切れず、叱責や低い評価がすべていじめやハラスメントということにはならないからです。性的行為の同意／不同意とは問題の性質が違うのです。[※5]

そこで、何をパワハラやアカハラと考えるのかの線引きについては、当該の言動が「常識的な、適切な範囲を超えていること」と考えられることが多いのです。たとえば、日本で「パワー・ハラスメント」という言葉を作り出し、流行させたクオレ・シー・キューブの岡田康子さんなどは、「職権などを背景にして」「本来業務の適正な範囲を超えて」「継続的に」

「人格や尊厳を侵害する言動」という四つの条件を有しているものをパワハラとしています。※6

政府も、職場のメンタルヘルス対策として、この問題に関心を払っており、二〇一二年（平成二四年）一月には、厚生労働省が「職場のいじめ・嫌がらせ問題に関する円卓会議ワーキング・グループ」による報告書を発表しました。その報告書には次のように書かれています。

職場のパワー・ハラスメントとは、同じ職場で働く者に対して、職務上の地位や人間関係などの職場内の優位性を背景に、業務の適正な範囲を超えて、精神的・身体的苦痛を与える又は職場環境を悪化させる行為をいう。

また、パワハラの類型として、以下のようなものが挙げられています。※7

・身体的な攻撃（暴行・傷害）
・精神的な攻撃（脅迫・名誉毀損・侮辱・ひどい暴言）

・人間関係からの切り離し（隔離・仲間外し・無視）
・過大な要求（業務上明らかに不要なことや遂行不可能なことの強制、仕事の妨害）
・過小な要求（業務上の合理性なく、能力や経験とかけ離れた程度の低い仕事を命じることや仕事を与えないこと）
・個の侵害（私的なことに過度に立ち入ること）

それでは、どの程度のことが「適正な範囲を超えて」いるといえるのでしょうか。セクハラとは事情が違うにしても、きつい言葉や態度に対して、同じ職場や同じ教室のメンバーでも傷つきやすい人とわりと平気な人がいます。すごく傷つきやすい人がいたらなんでも「パワハラ」「アカハラ」と言われてしまうのでしょうか。あるいは、全員が極端な見解をもっている職場で「これはパワハラだ！」と言われたらパワハラになってしまうのでしょうか。基準となるべきは、「常識的な、適切な範囲を超えていること」です。ここで言う「常識」とは、必ずしもその職場や研究室にいる人たちだけの多数決の結論を「常識」と呼ぶわけではなく、社会全体の「常識」を指しています。世の中の多くの人が「それはひどいね、教育や業務の指示ではなくていじめだね」と感じる判断基準があるだろうと考えられているのです。

判断基準には二つあります。一つは、通常の業務を行うのにその行為が必要か否か、また必要であったとしてもそれが度を超えていないかどうか、といった業務との関連性や必然性の有無です。もう一つは、その業務を行うにあたってその人の尊厳が守られているかどうか、ということです。たとえば仮にネガティブな評価や指導を行うとしても、人間として全否定するようなひどい言い方をしたり、同僚全員の前でさらし者にして嘲笑ったりする必要はありません。仕事や学業の面で批判すべき点があるとしても、それを理由に全人格を否定し、存在する価値さえないかのように言うことはできないということです。たとえ上司と部下、教師と学生という上下関係、指導関係であったとしても、人間としては対等であり、互いに尊重されなければならない存在です。

セクハラの概念、とくに「相手の不同意」という要件が社会に浸透するためには、ジェンダー（社会的性別）とセクシュアリティ（性に関する意識など）をめぐる社会通念の書き換えが必要でした。パワハラやアカハラ問題でも、よい上司とそうではない上司についての判断基準の転換が求められているのではないかと考えられます。これまでは、ひどいやりかたで部下を追い詰めて仕事をさせてもよいとか、業績があがらないのは部下のせいだと思っていた人たちに対して、「それはあなたの指導やコミュニケーションの方法が悪いのかもしれない」というメッセージをこの問題は届けることになるのではないでしょうか。[※8]また、後に述べるように、とくにアカハラの場合は、研究室の狭い世界のなかでは「常識」であっても、社会通念からみて本当に適切と言えるのかが問い直されることになっていくのです。

強い叱責ばかりがパワハラ／アカハラではない

パワハラやアカハラの相談が多数寄せられるようになって、相談員たちに一つの興味深い事実が認識されはじめました。それは、強い叱責だけがパワハラ被害ではない、ということです。その対極のように見えますが、何もしようとしない上司、指示や教育をしてくれない上司や教員（私たちはこれを「ネグレクト」と呼んでいます）の下で働いたり学んだりすることもやはりつらいのだということです。また、納得のいかないことや正しくないとわかっていることを「やれ」と言われてやらざるを得ないときや、熱心な上司や教員から細かすぎる指示やプレッシャーを次々と与え続けられるときも、強いストレスを感じるのです。場合によっては眠れなくなったり、下痢になったりする人もいます。それから、まったく尊敬できない、あてにできない上司——くるくると言うことが変わったり、約束をすっぽかしたり、自分のせいなのに逆ギレして怒ってきたり——そういう人の下で仕事をしていくこともなかなか大変です。ほかにも職場の雰囲気が悪く、複数の人たちとの人間関係に疲れ果ててしまう、仲間外れにされてつらい思いをする、といったように、職場や学校の雰囲気、人間関係が原因で元気に働けなかったり、意欲を持って学べなかったり、身体に影響が出たり、退職や退学を考えたりすることがあります。パワハラ被害はいろいろな状況で起きるのです。

たとえば、国家公務員の人事管理部門である人事院は、各府省人事担当課長宛の通知のなかでパワハラの次のような一例を挙げています。

上司Cは、ある部下の作った資料に誤字があることを見つけたが、その部下は過去にも誤字等のミスをしたことがあったため、「なぜこのようなミスをしたのか。反省文を書くように」と言った。そこで、その部下がミスをした理由や今後十分に注意すること等を記載した反省文を作って提出したところ、Cは、「内容が物足りない。もっと丁寧な反省文を書いて署名・押印しろ」などと言って三日間にわたって何度も書き直しを命じ、指示どおりの反省文を提出させた。

（二〇一〇年（平成二二年）人事院　「「パワー・ハラスメント」を起こさないために注意すべき言動例について（通知）」）[※9]

この例では、「反省文を書け」というなんとも奇妙な指示が出てきます。まず、「反省文」

が適切な、部下にも納得できる指導なのかどうか疑問です。たしかに、小中高校の教育のなかで反省文を書かせる教育指導がなされることもあります。しかしそれは道徳的に許されないことを理解させるために採られる方法であるため、職場や高等教育・研究機関における指導の一環として反省文が有効な場面はあまり多いとは思えません。この例では、資料内の誤字等のミスが問題になっているのですから、作らせるとすれば今後ミスを減らすための「マニュアル」のようなものがより適切でしょうし、よく誤字をする職員であればあまり資料作成に向いていない可能性がありますから、資料作成は別の職員に担当させるとか、複数人でチェックするといった改善策の方が、職場のマネジメントとしても現実的かつ効果的です。それなのに、この上司は部下に反省文を書かせた上、三日間にわたって書き直しまでさせているのですから、もしかしてものすごく暇な職場なのだろうかと疑ってしまいます。もし忙しくて他にやるべき仕事がたくさんあるのに、この反省文作成を延々と命じられたのだとすれば、命じられた部下は、

「なぜ、このような無意味な仕事を自分はやらされるのだろう」
「上司の言う通りの文面でないと、なぜ許されないのだろうか」
「自分にはこの職場の他の仕事など任せられないから、こういう無駄な、意味のない仕事をしていろ、ということだろうか」

などと考えて強いストレスを感じるでしょう。もしかしたらこの上司は、部下をいじめるつもりはなく、特定のやり方、進め方へのこだわりがとても強く、自分の思った通りの文面や形式の反省文が出てこないことがどうしても我慢できない性格であるだけなのかもしれません。しかしそうだとしても、やはりこのような行為は不適切であり、ハラスメントになりうると言えるでしょう。

この例は、パワハラとして書かれていますが、同じようなことがアカハラとして現れることもあります。このように、納得できない理不尽な指示をされることはハラスメントになりうるので、叱責の強さや過剰さだけではなく、「適切性」の面から考えていくことも重要です。

「加害」がなくても「被害」は起きうる

相談の現場で仕事をしていて気がつくのは、「罰するほどの加害行為はなくても、被害者は生まれる」ということです。あなたがもし、職場や学校のことで眠れなくなったり、食欲がなくなったり、仕事を休んだり、あるいは辞めることまで考えたりしているのなら、それはやはり誰かに相談を始めるべき段階にあると思います。相手が一〇〇パーセント加害者だとは言い切れないとしても、自分だけで耐え続けるべき事柄ではないのです。「相談」

というのは、「相手を訴える」ことと同じではありません。誰かに「これって、どう思う?」と意見を求めて、自分が苦しいと感じていることについて話を聞いてもらい、複数の人の目でその出来事を見てみることです。相談する相手は友人でも家族でもよいのです。また、「相談する」だけでなく、ときには「相手を避ける」「その環境から離れる」とか、「しっかり休んで、本来の自分の判断力を取り戻す」という選択をすることも大切です。

ハラスメント相談の窓口になっている企業や大学の担当者にまずしていただきたいのは、一〇〇パーセント悪い人を見つけて罰することではなく、ハラスメント的なことが原因で仕事や学業を元気にできなくなっている相談者の救出です。罰することから考え始めてしまうと、場合によっては、その間に被害が続いたり大きくなったりしてしまいます。加害者がいてもいなくても、何とかして相談者の置かれている状況を改善する、それが相談員の第一の役割です。

第2節

アカデミック・ハラスメントの世界

アカハラ問題をとくに掘り下げる意義

アカハラは、職場のパワハラと何が違うのでしょうか。一見すると、大学で起きている「強い叱責」「ネグレクト」「理不尽な指示」「人格否定」「プレッシャーのかけすぎ」「集団でのいじめ」もパワハラと呼べそうですが、なぜわざわざ名前を変えて区別する必要があるのでしょうか。

次節以降で詳述しますが、アカハラの背景には次のようなものがあります。

・教育指導関係であること
・研究や高度に専門的な教育という活動に特有の被害や加害があること
・専門職や専門家の集団のなかに権力構造があること

・大学やアカデミックな世界における「常識」の作られ方や意思決定の方法に独自性があること

大学などの高等教育や研究機関の構成員の関係を描写すると、主に、教員と学生の関係と、研究者同士の関係の二種類があります。大学は教育機関であると同時に研究機関でもあります。大学教員といっても、授業を担当していない人や研究所等に所属している研究員などもいます。そして一般に、アカハラの悩みは学部の学生よりも、大学院生の方がより深刻になります。院生になると、師匠と弟子の関係の意味合いも強まり、また研究者の世界にも入っていくからです。

言うまでもなくハラスメントは、職場や学校などの協働・指導教育関係から起こる権力関係――「ノー」と言ったり回避したりできない関係――から生じます。一九九〇年代後半、大学におけるセクハラが問題化した際、大学における教育指導関係がどのようなものであるか、また、そこではセクハラがいかに逆らいにくく、その影響が深刻であるかということが言われ始めました。しかし、それは十分には議論されたとはいえず、またその対策も十全には講じられませんでした。そのため、たとえば裁判官や弁護士には今でもなかなか理解されていないと感じます。

セクハラには「環境型」「対価型」と呼ばれる分類があります。環境型は、性的な言動によって就労環境ないし学習環境が不快なものになるタイプであり、対価型は、性的な言動への対応によって行為者から報復を受けるタイプです。大学においてこの対価型は、性的な誘いかけを拒絶したために、研究上の重要な情報を教えてもらえなくなったとか、研究指導を受けられなくなったというケースとして表れます。

対価型セクシュアル・ハラスメントのケースに関わった際、報復行為による被害を回復するよう大学に求めたところ、「我が大学では、セクハラ防止規程はあっても、アカハラ規程はまだ作ってないので、対応できません」という驚くべき回答が返ってきたことがありました。[※10]このように、報復行為を含めてセクハラであるということを理解していない大学がしばしばあります。しかしこのような大学でもアカハラ対策が講じられていれば、対価型セクシュアル・ハラスメントの報復行為の被害を回復する道筋が見えてくるものです。

処分事由の変化

私たちが所属している「キャンパス・セクシュアル・ハラスメント全国ネットワーク」では、大学が発表したり、公式な発表がないなかで報道されたりしたハラスメントの認定や懲戒処分などの情報を集めています。表1（三三頁）は、この活動のなかで集めることのできた、二〇〇六年から二〇一六年にかけての情報を集計したものです[※11]。

ご覧の通り、この一一年間で三八三件の報道や発表がありました。当初はセクハラのケースが多かったのですが、徐々にアカハラやパワハラ、さらに近年では不正経理や研究不正とも絡んだ処分が増加しています。ただし、懲戒免職や諭旨解雇などの処分に至っているのはセクハラが絡んでいる事案での割合が高くなっています。

なお、処分が公表されているのは圧倒的に国公立大学です。国公立大学には職員の懲戒処分は公表するという規則があるためです。したがって、この表に掲載されていない、公表されていない私立大学でのハラスメント認定や処分はほかにも多数あることが想像されます。

処分報道の例

処分報道の一部を以下に紹介します。

セクハラのみ

・女子学生に対し、飲み会の席で「胸が大きい」などと発言。車のなかで「二年間つきあってほしい」と交際を迫った。また、複数の学生に「ゼミの飲み会に出席しない

	学生間のハラスメント	その他	計	教職員が加害者のケース361件のうち、懲戒解雇等の処分を受けたケース	
				セクハラを含む	アカハラまたはパワハラのみ
	1	0	40	8	0
	0	0	33	10	1
	2	1	29	4	0
	4	1	40	5	2
	2	1	45	13	3
	0	1	35	7	1
	0	0	47	10	3
	2	2	38	9	3
	4	2	26	3	1
	1	3	23	1	0
	3	1	27	4	1
	19(5.0%)	12(3.1%)	383	74(20.5%)*	15(4.2%)*

表1　2006年～2016年の大学のハラスメントによる処分報道の内訳

	セクハラのみ	セクハラとアカハラ またはセクハラとパワハラ	アカハラのみ またはパワハラのみ	
2006年	31	3〈1〉	5	
2007年	21	3	9	
2008年	14	3	9	
2009年	18	4	13	
2010年	20	9	13	
2011年	14	1	19	
2012年	21	7	19	
2013年	16	6〈1〉	12	
2014年	6〈1〉	2	12	
2015年	7	2〈1〉	10〈1〉	
2016年	10	3	10	
計	178(46.5%)	43(11.2%)	131(34.2%)	

※表記について
「学生間」……学生同士でのいじめや暴力、性暴力などを含むケース
「その他」……不特定多数に対する差別発言や攻撃、盗撮、背景のわからない殺人、部活動のコーチや監督の学生に対する暴力のほか、大学が「重大なハラスメント」といった表現のみで詳細を公表していないなどの事情で分類できなかったもの
「懲戒解雇等」……解雇、懲戒免職、諭旨解雇、諭旨免職、解任、解職、雇い止めなど
〈 〉……うち、研究不正の絡むケース
＊……教職員が加害者のケース361件に占める割合

なら指導しない」などと発言した。（国立大学、男性教授―女子学生複数、二〇〇八年、減給）

・三人の女子学生にキスを強要したり、性的な内容の手紙やメールを送りつけたりした。（国立大学、男性准教授、二〇〇九年、諭旨解雇）

・女子学生を誘って二人で食事し、学会の出張で同じ宿に泊まった際には自分の部屋に呼んだ。この教授は以前にも似た案件で注意を受けていた。（私立大学、男性教授、二〇〇九年、停職一〇日）

・女子大学院生に対し、性的行為を含むセクハラを繰り返し、指導上の優位な立場を利用して「親密な関係が崩れると指導できない」などと告げた。（私立大学、男性教授、二〇〇九年、諭旨解雇）

・同じ研究室の教職員五人（男性四人・女性一人）に対し、休日出勤の強要や長時間の叱責をした。また、「女性研究者は結婚したらだめになる」「結婚は三角、出産はバツ」など、女性への侮辱発言をした。これらの行為により、三人がうつ状態などで休職を余儀なくされ、二人が退職した。（国立大学、教授、二〇一四年、懲戒解雇）

アカハラのみまたはパワハラのみ

・講義への遅刻を減らすためとして、遅刻した学生から毎回一〇〇円、総額一万六〇〇〇円を徴収した。（国立大学、男性教授、二〇〇六年、停職一カ月）
・自分の研究室の学生に対して卒業研究の十分な指導をせず、卒業研究とは関係のない作業をたびたびさせていた。（私立大学、男性准教授、二〇〇七年、停職六カ月）
・大学院生を怒鳴りつけミーティングでの発表をさえぎったり、座っている椅子を蹴ったりするなどの言動を繰り返したほか、研究室で飲酒したまま指導した。（国立大学、准教授、二〇一一年、停職二カ月）
・思いこみから、男子学生に対し、学期末試験会場の他の学生がいる前で「おまえはストーカー行為をしている犯罪者だ」などと発言。試験終了後、自分の部屋を訪れた学生に土下座をさせ、サンダルをはいた足で頭を踏み、翌日までに頭を丸めて反省文を提出するよう要求した。翌日、事実誤認を認め、学生に謝罪した。（公立大学、男性教授、二〇一一年、停職三カ月）
・助教に対し、本人が望まない転職を執拗に勧めたり、論文の共著者から削除したりするなど、不適切な行為を行った。（国立大学、教授、二〇一一年、戒告）
・指導していた男子大学院生に本人の希望と異なる研究テーマを与えた上、レポートの指導をほとんどしなかった。大学院生が指導教員の変更を申し出たところ、面談で「もう二度と目の前に出てくれるな。気分が悪い」「残り一年半で卒業できるとは保証しない」などと強い口調で話した。大学院生はめまいなどを訴え、同年七月に精神疾患と診断された。その後、同大学院を中退し、別の大学院に入学した。（公立大学、教授、二〇一二年、停職三カ月）

・研究室の大学院生や学部生の男女四人に対し、論文を提出する段階になって全て書き直すよう指示したり、体調を崩した学生に「死んでも研究を続けなさい」と話したりした。このうち二人がうつ病で休学や退学となり、不登校になった学部生もいた。また、すでに卒業していた他の大学院生ら五人も嫌がらせを受けていた。（国立大学、教授、二〇一三年、諭旨解雇）

・部下三人に対し、「こんなこともわからないのか」「おまえはだめだ」などと日常的に大声で罵ったほか、勤務を短時間に区切って細かく管理した。三人は精神的に追い込まれて通院した。（国立大学、職員、二〇一三年、出勤停止一カ月）

・指導的立場にありながら、助教が何年も自分の研究テーマを設定できずにいるのに支援せず、また、研究論文の共同研究者に加えなかったり、学生を配属しなかったりした。さらに、助教に配分された経費を研究室全体の物品購入に使用するなどの行為を威圧的な言動で押さえ込むような形で行った。（国立大学、准教授―助教、

二〇一五年、減給）

・指導学生二人に対し、研究室内で長時間にわたって自分の考えを繰り返し過度に押しつけた上、交友関係など学業と無関係なことに踏み込んで非難した。こうした行為は少なくとも半年以上続いていた。（公立大学、教授、二〇一五年、停職六カ月）

セクハラとアカハラまたはセクハラとパワハラ

・学生を人前で叱りつけた。また、女子学生や女性教員に抱きついたり肩や顔を触ったりするなどの行為を日常的に繰り返していた。こうした行為が原因で授業に出席できなくなった学生もいた。（公立大学、男性教授、教員、二〇一〇年、停職六カ月）

・指導する女子学生の体を触ったり、研究室の変更を強要するなどした。酒に酔って研究室所属の女子学生に抱きついたほか、連日食事に誘って断られると研究室の変更を強要したり、就職活動を妨害するなどしたという。男子学生六人に対しても「研究室を出たらどうか」と研究テーマや研究室の変更を強要するなどしたという。（国立大学、男性教授、二〇一二年、出勤停止五カ月）

・女子学生に対し、研究室で体を触ったり不適切な発言をしたりするなど、数々のセクハラ行為を行った。また、当該女子学生に対し、卒論判定の権限をほのめかし、テストの採点や成績評価を行わせた。さらに学生に支払われた研究補助業務にかかる雇用謝金について、学部学生に対し不適切な労務管理に加担させ、研究費三〇万六〇〇〇円をカラ謝金として不正な支出を行ったあげく、一旦学生に支払った謝金を回収した。（公立大学、男性助教、二〇一四年、停職一年）

第3節 教員の学生に対するアカデミック・ハラスメント

どこの大学でも、学部生の場合はアカハラより、セクハラやデートDV、ストーカーなどの被害相談の方が多い傾向にあります。

しかし学部生であっても、教員からアカハラを受けることはあります。それが卒業や就職などに結びつく講義に影響していれば事態は深刻ですが、大学院生や教員などと比べ、学部生は卒業まで我慢して去っていくことも多いので、発覚しにくい面もあります。ここでは、学部生を含む学生が被害者となる場合のアカハラの特徴を見ていきます。

特徴① 尊敬や期待が裏切られるとき

アカハラと一般企業でのパワハラとの大きな違いの一つは教育関係であることです。学生にとって、教員は何らかの有益な知識やものの見方を与えてくれるはずの存在であり、尊敬の念や期待を抱いています。学生はその教員の講義や指導を受けるために、時間や心のエネルギーを使うだけでなく、高い授業料も支払うわけです。また学校教育には、特定の情報や知識だけでなく、教員というロール・モデルに接することで人間形成に資する人格的な影響を学生に与えるものであることが期待されています。だからこそ、教員が理想からは大きく外れた行動（セクハラや差別発言、違法行為、暴力、いじめなど）を行ったとき、学生本人や保護者、そして社会にとっての衝撃、失望は非常に大きなものになります。

明らかな加害行為を伴わない場合でも、教員に対する失望が生まれることがあります。たとえば、受講の価値がある講義だとはとても感じられないとか、教員のアドバイス、指導内容に一貫性がないため、信頼してその通りに取り組む気になれない、いわゆるネグレクトで十分な教育や研究指導がない、といったものです。このような講義や指導の質、あるいは教員の態度に対する疑問、不信感が募っていくタイプのアカハラ被害は、学校教育の土台をじわじわと崩していきます。「ネグレクト」で指導が受けられないというのは、時間が経ってからでないと被害だと言えないわけですが、授業料を払いながら長い間待ったあげく、指導がないせいで予定通りに卒業もしくは修了できないということになると、学生にとっては取り返しのつかない大きな被害になります。しかし教員の側にはそのことが自覚されにくいものです。

特徴② 専門教育における教員の立場の強さ

アカハラの特質として、学生が被害を被害と自覚して主張することが難しいという点もあります。高度で専門的な教育になればなるほど、学生たちは、「どんなテストの回答が高い評価を得られるのかわからない」と感じる人が多くなり、講義内容をよく理解している者、知識・見識がある者だけが、どの答案やレポートがよいレポートなのかがわかるようになる、という状況に置かれます。したがって、学生たちが「この講義はつまらない」と疑問や不満を感じたり、「よく書けたレポートだと自分では思っていたのに評価が低かった」と思ったりしたとしても、それを不当だと指摘することはとても難しいのです。「先生の講義は難しすぎてつまらない」と学生から苦情が来たとしても、教員の方は「豚に真珠だ。この講義の面白さがわからないなんて、レベルの低い、かわいそうな学生たちだ」と笑うかもしれません。

昨今の大学では、こうした教師と受講生との不幸な溝を埋めるために、明確な講義の予定や内容を案内するシラバスの作成、成績評価の基準の明示などを全教員に課したり、また、学生による授業評価アンケートのシステムを導入し、教員に工夫を求めています。それでもなお高等教育では、その性質上、学生は非常に不満の声を上げにくい構造にあることに違いはありません。

もちろん、役割上、教員と学生が対等になることはありえません。私たちも、学生の苦情をすべて無条件に受け止めるべきなどと主張しているわけでもありません。しかし残念ながら、問題のある講義やネグレクト、そして適切とは言えない成績評価や単位・学位の認定などの実態はたしかにあります。

さらに厄介なことに、その教員の講義内容や採点基準が正しいのか不適切なのかは、他の教職員にもそう簡単には判断できません。それぞれ専門が異なるからです。大学などの高等教育では、文科省の指導要領のような定められた教育内容はありません。したがって、まったく講義をしなかったり、授業時間を使って学問とは関係のないことをし続けたり、性的言動や差別的言動をしたり、暴力を振るったりするなど、誰が聞いても明らかに問題であるとわかる事象でない限り、他者がアカハラだと断定することは難しくなってきます（専門外の人が安易に講義内容を「問題だ」と判断することもまた、非常に危険な行為だと言えるでしょう）。

さらに、大学院の指導というのは、毎週講義をするものではなく、基本的に院生本人が研究し、その研究の進み具合やレベルに応じて教員が指導する形式になるので、その不適切性を外形的に判断することはいっそう難しくなります。専門性が高いため、「A先生にハラスメント受けたから、代わりにB先生が講義や研究指導をする」という対策をとることは簡単ではありません。場合によっては他大学の教員に教えを請わなければならなくなります。さらに、卒論や大学院レベルの専門的な研究の段階に入っていくと、その研究分野の専門書や研究するための施設・装置自体、特定の教員しか持っていない、大学のなかでその教員だけ、あるいは日本のなかでその教員だけしか持っていないということもありえます。どんな専門書や設備が研究にとって意味があるものなのかという知識さえも、その一人の教員だけが知っているということがありうるわけです。したがって、「先生がいなくても自分で本を読んで勉強すればよい」などと安易に考えるわけにはいきません。

ですから、こうした学生側の立場の弱さをふまえ、シラバスでの講義予定や評価基準等の明確化、授業評価アンケートに加えて、授業や成績評価に対する苦情申し立て制度を実施することが必要なのです。疑義を表明する方法をきちんとオープンに制度化しておけば、窓口の職員が「きみの方がちゃんと勉強してないからじゃないの？」「先生の講義に文句をつけるなんて生意気な」などと決めつけるような対応をすることが少なくなります。

特徴③　キャンパスの外にまで及ぶ教員の社会的影響力

学生がアカハラによって特定の教員の科目を履修できなくなると、資格の取得や専門的な職業に就くことができなくなることがあります。また、多くの教員は、地域の専門職（教職や医師、弁護士、税理士、カウンセラー等）との人脈を持っているため、大学教員と敵対すると、その地域（あるいはその業界全体）で当該の職に就くことが難しくなることもあります。そのようなことを恐れる気持ちが、学生が教員のハラスメントを問題にすることを難しくしている面もあります。

学生や保護者のなかには、大学教員の権威に対する過大なイメージを抱いている人もいるので、実際はその大学教員が高い見識や社会的影響力をそれほど持っていなかったとしても「間違っている」とは言えなかったり、告発することによる不利益を恐れたり、当初の尊敬が裏切られたことへの大きなショックを感じたりすることがあります。こうして問題のある講義や研究指導は、閉じられた教室の扉の向こう、研究室の扉の向こうに隠れていくのです。ここで述べた「高度に専門的な教育関係における問題指摘の難しさ」については、大学だけでなく、芸術や武道・華道・茶道、そしてスポーツなどでの師弟関係でも同じことが言えるのではないでしょうか。これらの師弟関係の世界では、師匠の命令に無批判に従わなければならないような関係性が生まれやすく、また恣意的な「えこひいき」や「不当な冷遇」を見過ごしやすい土壌があると思います。

第4節
研究者同士のアカデミック・ハラスメント

　大学の教員は、研究者の集団の一員でもあり、また大学病院の医師などは専門職の職業集団の一員でもあります。そのため、専門の研究の世界に足を踏み入れたばかりの大学院生や、研究者の権力ピラミッドで下位に位置する研究員、研究助手、技術職員、教授以外の教員たち（准教授、講師、助教）、さらに専門職集団の下位のグループに属する人たち（大学病院の診療医や研修医）には、学部生とは違う権力構造の世界が見えています。

特徴①　相互評価による学会／学界運営

　専門家の世界というのは、何が価値のある研究でどの研究者の研究が素晴らしいかということをその分野の専門家たちで評価しあい、基準などを作り上げながら運営されています。たとえば、博士号の審査や科研費等の研究助成金の審査、投稿論文の学会誌掲載を決めるピア・レビューによる査読、そしてもちろん研究の知見をめぐる議論などのなかにそのような仕組みがあります。もし専門家たちが、お互いの研究結果をふまえた議論の末、「Aという事実は存在する、存在しない」という見解に達しているのに、政治家や経営者、メディアなどが「Aは存在してほしい」などという結論を押し付けようとするならば、それは反知性主義、反科学の、非常に由々しき事態であって、政治権力などによる学問への不当な介入ということになります（しかし、残念ながらそういうこともときどき起きています）。

この尊重されるべき専門家集団と学問の自立性は、しかし下位の研究者や学問の世界に入ろうとしている院生にとっては、地位の高い研究者たちが治める学会／学界の権力構造そのものでもあるのです。指導教員や影響力の高いその分野の研究者に、「君の研究には価値がない、意味がない」と見なされること、あるいは「君は研究者には向いていない、能力が不十分である」と否定されることは、彼らにとって将来の道を絶たれることを意味します。研究コミュニティである「学会」に入会するときにも会員の推薦が必要であったり、また、共同研究や共同で本を執筆するメンバーに誘われ、そうした研究・執筆活動を通じて研究業績（学術論文、報告書、書籍、学会発表や製品制作、特許など）を積み重ねていくことによって、大学教員などのポストを得ていくことになったりするからです。

学会などにおけるこうした相互評価のシステムは概ね正しく働いていると信じたいもの

ですが、ときに不適切な使われ方をすることがあります。たとえば、交際を断られたことへの復讐心や個人的な好悪の感情、派閥争いなどによって、優れた研究成果を否定し別の人に過大な評価を与える、あるいは狭い価値観や道徳観によって新しい研究テーマを頭から否定する、さらに賄賂やコネによって学位授与を認めるといったケースです。これらの行為はいずれも大変深刻なアカハラであり、研究者に大きな被害をもたらします。

特徴② キャリアに長く影響を及ぼす

若手研究者がその分野の高名な研究者から嫌がらせを受けたために他の大学に移ろうと思っても移れないというケースがあります。同じテーマを研究している主要な研究者はそれほど多くなく、そして互いに知り合いであるため、大学を移って研究を再開したところで正当な評価を得られないのではないかと二の足を踏んでしまうのです。また、今の指導教員や上司からの推薦書をもらえない可能性もあります。こうしたとき、事情を理解し、支援してくれる別の大学の教員がいればよいのですが、そうではない場合は、研究テーマを変えたり、海外に行ったり、研究者を目指すことを諦めたりすることになります。

このような嫌がらせはしばしば、大学を超えた研究会や学会の関係者の間でも起こります。そのため、学会などでもハラスメント対策を考える必要があります。

第5節

アカデミック・ハラスメントと向き合う

ここまで、通常の職場のパワハラとは異なるアカハラの特徴を見てきました。これらの特徴から、大学がアカハラを減らすことに取り組もうとすれば、通常の職場でのパワハラ対策や、小中高などでのいじめ対策とは異なる取り組みが必要であることがわかります。すなわち、単に意地悪な上司にならないための研修や、かっとなって怒りを爆発させないように気をつけるための訓練だけでは足りず、「良き大学教員とは何か、良き大学の講義や指導とは何か」「あるべき研究指導や研究者養成とは何か」という難儀なテーマを大学のメンバー全員で本気で、しかも具体的に考える必要があるということです。

また、各大学の取り組みだけではどうすることもできない大学や研究をとりまく世界的な風潮や時代の要請、そして大学や科学研究に対する政府の政策もアカハラの起こり方に影を落としています。高等教育・科学政策はアカハラの発生に結び付くような負の効果も考慮して進められるべきです。アカハラは、高等教育や科学コミュニティの前提となる尊敬や相互信頼を破壊し、研究したいと望んだ個人の人生の可能性を狭めます。社会全体からすれば有用な人材育成を阻害するものです。

問題があることを直視しよう

大学教員のなかには、

「厳しく指導しただけでアカハラと告発されてはたまらない」

「院生は自ら研究するのが本来なのに、過保護にしなければ指導放棄のアカハラとされるのか」

といった反発・批判もあります。[※12]セクハラ問題が提起されたときには、それが性的暴力であり、女性差別ともつながっているために、「キャンパスであってはならないこと」「人権問題」と理解することがまだ可能でした。ところが、アカハラは「人権侵害」や「差別」という言葉ではくくりきれないものがあります。[※13]そのため、このような反発や戸惑いがあるのは当然のことだと思います。しかし、さまざまなアカハラの案件にあたってきた私たちからすれば、やはり明らかに問題のある教員の行動や研究室運営が一部存在していると言わざるを得ません。一方で、自分も加害者にされるのではないかと過剰に心配する教員や、ひどい事例を知らないためにハラスメント対策の必要性に納得できない教員もいます。

これまで多くの大学人は、アカハラが起こっていてもそのことを見ようとしなかったり、気づいていても解決せずに放置したりしてきました。あるいは、「できの悪い学生だけが文句を言うのだから、そういうやつは脱落して、大学を去ってゆけばよい」「理不尽な仕打ちに耐えたり、滅私奉公したり、私的なわいろを贈ったりすることも、修行のうち、世渡りのうち」「才能ある研究者は変人も多いのだから、下の者は耐えるしかない」といったさまざまな理屈によって、問題を矮小化してきました。しかし、そのような態度はもはや通用しないのではないでしょうか。

良識ある大学人による「基準」づくりをしよう

問題を直視できる「まともな」教員・研究者がまだ多数派であるとすれば、自分たちで乗り越えていけるはずです。たしかに大学のタイプもさまざまで、学問のタイプによっても事情はさまざまです。しかし、本来あるべき「まともな教育・指導・研究」とそうでないものの線引きは、それぞれの学問分野ごとにある程度設定可能なのではないでしょうか。その良識ある「基準」を設けて明示することによって、過度な反発や不安も防ぎ、的外れな「アカハラ告発」はむしろ排していけると思います。グローバルな人材交流も進み、さまざまなバックグラウンドから大学に人が来る時代になって、暗黙のルールや文化を察しろというのは無理があり、「基準」の明確化は不可欠であると言えるでしょう。それと同時に、たとえば学位審査などといった、恣意的な嫌がらせやえこひいきが入り込む余地のある、閉鎖的な研究評価の方法の見直しも進めていくべきでしょう。

アカハラが起こる背景を見直そう

ハラスメント行為は、ごく一部の人が起こすものであったとしても、そうした問題を起こりやすくしていたり、被害を見えにくくしている、さまざまな組織特性や慣行、思考パターンのようなものが、大学や研究の世界にはあるのではないでしょうか。

それには、第2章で述べるような小講座制の問題や、研究室・分野間の分断、オーサーシップのような明文化されていない慣行、「先生の言うことには反論できない」というような科学的な態度とは矛盾する空気や規範、ある種類の学位をもった男性だけが管理職になれるという伝統など、一般のパワハラの議論では指摘されることのない、「アカデミック」独自の問題が解かれるべき宿題としてあるのではないかと思います。

また、「防止」を考えるとき、アカハラを跳ね返し、つぶされないような力をどうつけていくか、そういう意味での研究者養成や学生の育て方を考える必要もあると思います。

第6節

アカデミック・ハラスメントの具体例

アカハラはいろいろな人の間で起こりますが、二つの主要な場があります。一つは教育の場面（講義やゼミ、個別指導）における教員と学生、もう一つは研究者同士の間です。研究者同士で起きる場合は、下位の研究者が上位の研究者からの被害を受けるパターンが多くなります。

学生の不幸——尊敬できない教員

学生が教員を尊敬できなかったり、良い指導を受けられなかったりすることは、どこの大学でも多かれ少なかれ見られるメジャーな問題です。たとえば、こんな教員がいます。

A　教育・指導の質に疑いがあること

・講義中、講義とは関係のない話にかなりの時間を割く
・取り組むべき理由が理解できないような理不尽な課題を学生に出す
・無茶な締切設定やいきすぎた指導などを通して、学生を過剰に管理しようとする
・いいかげんな指導をしたり、そのときの気分によって指導内容を変えたりする
・学業や研究に対して不当な評価をする

B　尊敬できないような言動

・学生のプライベートに介入する
・自分の趣味や宴会への参加を強制する
・自分を尊敬しているかどうかを学生にたびたび確認し、尊敬の表明を強いる
・学生に他の教員や同業者の悪口を聞かせ、同意を求める
・教育研究とは関係ない私的な用事を学生や部下にやらせる

C　指導放棄

・学生に対して十分な研究指導をしない
・指示したことを忘れたり、指示内容を頻繁に変える

D 精神的攻撃

・講義中、誰かを傷つけるような話や特定の受講者を攻撃するような発言をする
・長時間問い詰めたりその場から帰らせない
・机を叩いたり、物を投げたり、大声で怒鳴ったりする

これらのなかには、パワハラ行為としてもよく挙げられる「過剰な任務」や「私生活への干渉」「理不尽な指示」などの要素も含まれています。ただ、繰り返しになりますが、「教育」のなかでは、通常の職場以上に指導内容は「正しく」「価値のある、素晴らしい」ものであるという前提があり、「教育」という名のもとに、生活や生き方にまでわたる干渉が正当化されやすいという特徴があります。そのため学生は多くの場合、戸惑いつつも、おかしな講義をしばらく耐えて聞いていたり、適切でない課題や締切に対する疑問に答えが出せないまま、講義や指導を受け続けたりすることになります。そしてその間、少しずつ不信感を生む要素が増えていくのを感じながら、学ぶ意欲が薄れていったり、その教員とコミュニケーションをとることにストレスを抱いたりしていきます。

湯川やよい(二〇一四)は、大学院生たちへのインタビュー調査のなかで、彼らが教員との関係に何らかの困難をかかえた場合、それを当人が「アカデミック・ハラスメント」に

なると考えているかどうかにかかわらず、心身の健康を脅かすほどの深刻なストレス状況を作り出すことを聞き取っています。たとえば、眠れない、膝が震える、食事の味がしない、先生が夢に出てくる、気分が落ち込んで保健センターで薬をもらった、などという例が語られています[※14]。

上司や教員が、部下や学生に「自分を尊敬しているか、どこを尊敬しているか」、あるいは「自分のことを嫌いかどうか、どこが嫌いか」などと尋ねることは適切でない上、不毛なことでもあります。なぜなら、対等な関係にないのですから、部下や学生はその人の「嫌いなところ」を正直に言えるはずがないからです。「尊敬していません」と言うこともなかなかできません。恋人や友達のように嫌いであれば離れられるわけでもないので、好悪の感情にかかわらず、部下として指示にしたがったり、学生として指導を受けたりせざるを得ません。そのような相手に対等なプライベートの関係であるかのような「質問」をすることと自体が不適切ですし、「その質問はナンセンスですよ」とか「尊敬していません」と言うことができない相手に答えさせようとすることは、やはりハラスメント的な行為です。それにもかかわらず、学問分野によっては、師匠や上司に対して常に「尊敬」「お礼」を大げさに表明し続けなければならないかのような慣習や圧力が見られます。

私たちは、このように常に優位に立とうとしたり、称賛を求めたり、相手よりも上であることを確認したりする行為を「精神的マウンティング」と呼んでいます。

学問研究というのは、批判的・複眼的な思考や、誠実で対等なディスカッションによってこそ発展していくものですから、こうした尊敬の表明を強いるような教員や上司の態度というのは、高等教育機関には実に望ましくないものであり、思考停止の研究者や学生を作りかねない大きな問題だといえます。

研究室でのハラスメントやいじめ

小講座制の研究室や、理系のラボ体制をとるところでは、研究室がアカハラの場になります。複数の学生や研究者で構成される研究室では、メンバー間のいじめや攻撃が発生しやすくなるからです。

研究室で日常的に作業を指示する先輩―後輩の学生間や助教・研究員らのあいだのいじめだけでなく、研究の補助をする実験補助員や、技術員（技官）などが理不尽な扱いをうけたり、雑用を押し付けられたり、研究者のわがままに振り回されたりすることも起こります（コラム「研究者世界のピラミッド」参照）。なかには、研究室全体が「ブラック研究室」化していて非常に過酷なルールが課されていることもあります。

研究者同士のハラスメントやいじめ

大学教員や研究者のなかには権力や立場の差があり、その差を利用した理不尽な指示や攻撃・説教・大事な情報を教えないなど、さまざまなハラスメントが起きます。職位が上位の教員が下位の教員に対し、会議や懇親会などの場でこき下ろすとか、宴会の間ずっと立たせておくといった話を聞いたこともあります。なお、当然ながら、こうした嫌がらせの場面では、女性蔑視や外国人蔑視を示す行動や、セクハラなどの行為も同時に起こることがあります。

アカデミックな師弟関係や先輩後輩関係は、大学院を出た後も続きます。たとえば、師匠を囲んだ食事会の席で一人ひとり弟子をこき下ろす師匠もいれば、自分より活躍する後輩を妬んでストーキングをしたり、学会発表や博士号の学位取得を妨害したりする先輩研究者もいます。

第3章で詳しく述べますが、研究員や院生の多くは自立した研究者ではあるものの、指導教員や上司からの助言や指導、許可なども必要としています。とくに理系の一部の分野では、チームとして研究をすすめることが普通なので、研究の進め方や方向性について、院生や下位の研究者は、研究チームの責任者である教授などの指示なしに、勝手に進めることはできないことになっています。

そこで、その上位の教員や指導教員が研究方針に同意しなかったり、研究のじゃまをしたりすると、彼らは非常に苦しい思いをすることになります。この問題は、ある研究をある時期までにまとめて世に出すことが自分のキャリアにとっては重要であるのに、教授から「別の研究をやれ」とか「別の人に研究を譲ってやれ」などと指示されるという形で現れることもあります。また、質問にいつまでも回答してくれないとか実質的な助言をほとんどしてくれないといったネグレクトとして現れることもあります。そうして、何月までに論文を投稿して、奨学金を取って、留学して、あるいは倫理審査を通して、実際の調査に着手して、それで学位論文を出すというような彼らのキャリアプランは台無しになっていくのです。

第1章 注

［1］上野千鶴子編『キャンパス性差別事情　ストップ・ザ・アカハラ』（一九九七年、三省堂）では、「研究職に固有の性差別」をアカデミック・ハラスメントと呼ぼうと提案されましたが、その後、性差別に限定されない、大学や研究の場で起きるハラスメントとして用いられるようになっていきました。

［2］「中央大学ハラスメント防止啓発ガイドライン」
http://www.chuo-u.ac.jp/aboutus/efforts/harassment/pdf/g02-02.pdf

［3］「東京大学アカデミックハラスメント防止宣言」
http://har.u-tokyo.ac.jp/files/user/img/AH_sengen.pdf

［4］セクハラ問題における、男女間のとらえ方の溝の問題について知りたい方は、次の文献をお読みください。
金子雅臣『壊れる男たち——セクハラはなぜ繰り返されるのか』（二〇〇六年、岩波新書）
牟田和恵『部長、その恋愛はセクハラです！』（二〇一三年、集英社新書）
江原由美子「「セクシュアル・ハラスメントの社会問題化」は何をしていることになるのか？——性規範との関連で」鐘ヶ江晴彦・広瀬裕子編『セクシュアル・ハラスメントはなぜ問題か』（一九九四年、明石書店）

［5］もちろん、セクハラであっても、どこまでも行為の受け手のフリーハンドで、ハラスメントが定

義されるわけではなく、あくまで性的言動への不同意を「不快」という言葉で表現しているにすぎません。たとえば、まったく性的な言動もなく、性差別的な言動もない、失礼な対応について、「自分が不快と思ったから、セクハラなんでしょ?」という問い合わせを私たちはかつて受けたことがありますが、それはセクハラ防止キャンペーンの意味を誤解しているだけです。

[6]二〇一〇年(株)クオレ・シー・キューブ改訂版。岡田康子・稲尾和泉『パワーハラスメント』(二〇一一年、日経文庫)四三~四四頁

[7]厚生労働省　職場のいじめ・嫌がらせ問題に関する円卓会議(二〇一二年三月)「職場のパワーハラスメントの予防・解決に向けた提言」
http://www.mhlw.go.jp/stf/houdou/2r98520000025370.html

[8]最近では、パワハラ上司とならないために、自分の行動を振り返り、行動を改善する、いわゆる怒りのコントロール方法である「アンガー・マネージメント」の視点からの書籍が複数刊行されています。そこでは、嫌悪感を伴った、業務内容と関係のない人格攻撃を大声で浴びせることは、恫喝であって、指導とは言えないということや、攻撃的な人のコミュニケーションの特徴や口癖、行動などが示されていて、そうした傾向を自分で改善するための考え方や、怒らずに伝えるテクニック、「体質改善」の方法が言及されています。このような書籍の需要が伸びていることは、「上司の行動が問題」という考え方が浸透してきていることの証左と言えるでしょう。主な書籍に、安藤俊介『怒らず伝える技術――今日から使えるアンガーマネジメント』(二〇一六年、ナツメ社)、戸田久実『アンガーマネジメント　怒らない伝え方』(二〇一五年、かんき出版)な

どがあります。

[9]人事院「「パワー・ハラスメント」を起こさないために注意すべき言動例について（通知）」（二〇一〇年一月）。
人事院は、パワー・ハラスメント防止ハンドブックを作成しており、この通知も掲載されています。人事院「お互いが働きやすい職場にするために　パワー・ハラスメント防止ハンドブック」
http://www.jinji.go.jp/sekuhara/handbook.pdf

[10]このような回答からは、「セクシュアル・ハラスメントは法的に許されない行為であるから、大学には行為者を注意したり懲戒処分したりする義務がある」という論理が透けて見えます。もちろんそれも正しいのかもしれませんが、ここには「相談者を救済するために大学が介入しなければならない」という考え方が欠けています。こうした事態を憂慮し、キャンパス・セクシュアル・ハラスメント全国ネットワークでは、大学でのセクシュアル・ハラスメント対策が導入されて数年が経った二〇〇二年に、「大学等の対応は、依然として行為者の処分に偏り、被害を受けた人の権利回復の視点が欠如している」という声明を発表しています。
キャンパス・セクシュアル・ハラスメント全国ネットワーク第八回全国集会『提言』「被害を受けた人の権利保持と権利回復のために」（二〇〇二年七月）
http://cshnet.jp/2-03opinio/

[11]このなかには、大学の教職員や学生が大学とは無関係の人に対して行ったわいせつ行為や犯罪行為や「調査の結果、ハラスメントと認定されなかった」と報道されたものは含まれていません。ま

た、あくまで報道された当時の情報をもとに集計しているため、このなかにはのちの裁判や警察・検察の捜査によって、事実認定や処分が変更されたり不起訴になったものも含まれている可能性があります。分類については、報道時や発表時の表現にとらわれず、事案の内容に則して行っています。たとえば「パワー・ハラスメント」として発表や報道がされている場合でも、教員と学生あるいは教員同士の場合で起きたケースについては「アカデミック・ハラスメント」としています。さらに、大学が一度に複数の懲戒処分を公表した場合、そのうち、ハラスメント関連のケースのみ取り出して、ケースごとに分けて集計しています。

なお、学生間のいじめなどをハラスメントとするかどうかは判断が難しいところですが、無視できない数の報道が続いていることを示すためにこの表では掲載しています。

[12]牟田和恵「書評　アカデミック・ハラスメントの社会学」『社会学評論』vol.66 No.1（二〇一五年、日本社会学会）一四八頁

[13]湯川やよい『アカデミック・ハラスメントの社会学　学生の問題経験と「領域交差」実践』（二〇一四年、ハーベスト社）

[14]湯川やよい（前掲書）三一二頁

column

研究者世界のピラミッド

私たちが大学でのセクシュアル・ハラスメント問題の運動に関わり始めた一九九〇年代後半、ある方から「セクハラ、セクハラって言うけど、俺たち技官は、いつも教授からいじめられているんだよっ」と強い口調で言われたことがありました。それは女性の大学職員の方たちとセクハラ問題への取り組みについて話し合っていた時のことで、その方は男性でしたが話し合いに加わってくださっていました。

当時、文系の大学院生だった北仲は、「技官」（技術職員）という方たちの存在を知らず、大学でセクハラだけが問題とされていくことへの違和感を理解できませんでした。しかし後になって、研究中心の大学の自然科学系領域では、技官という影の存在が非常に重要な構成員である一方で、日常的に上位研究者からわがままを言われたり、八つ当たりされたりしがちであることを知りました。

ほかにも、研究室のなかで比較的弱い立場としては「助教」や「研究員」があります。かつて助手と言われた職位は、二〇〇七年の学校教育法改正以降「助教」（assistant professor）と呼ばれるようになり、「教授」や「准教授」と同列の教員だとされています。

しかし、助教をこき使ってよいと考えている教員もいまだに少なくないため、彼らは研究室の雑用を押し付けられがちです。なかには彼らを蔑視する教員もいて、廊下で助教とすれ違うとき「「助手」はうつむいて歩け」と命令した教授の話を聞いたこともあります。

こうした助教やポスドク研究員（博士号取得後、任期付きの研究職に就いている研究者）はただでさえ弱い立場に立たされていますが、近年では雇用期間が限定されるなど、その雇用環境もより不安定な状態に置かれる人が増えています。今後はさらに増加することが予想されています。

第2章で詳しく述べますが、自然科学系のチームでの研究では、こうしたポスドク研究員や助教が研究の自立性を与えられずにこき使われており、また短期間で研究成果を出さないと次の雇用が確保できない、教授など業界の関係者と衝突すると次の雇用が確保できないなど、非常にストレスフルな状況のなかで過ごしています。このような過酷な条件下での勤務や研究は、心の健康に悪いことは容易に理解できます。

文系の教員や教育中心の大学の教員たちの「厳しく学生を指導したら、アカハラ？」というような議論だけがアカハラ問題として考えられている一方で、こうした理系の主に若手の研究者が抑圧され使い捨てられている現実は注目されていないと感じます。

第2章

相談員は見た！知られざる学問研究の世界

第1節

学問分野のサブカルチャーとアカデミック・ハラスメント

一言でアカハラと言っても、大学にはさまざまなタイプがあり、また学問分野によっても状況は異なります。この章では、分野ごとに異なるアカハラの傾向と、アカハラを背景に持つ研究不正(アカデミック・ミスコンダクト)について見ていきましょう。

研究中心の大学と教育中心の大学

大学は、一般の人々にとっては学部構成や偏差値などのランクによって分けて認識されることが多いかもしれませんが、大学関係者にとっては、研究中心の大学か、教育中心の大学なのかという分類が実は大きな意味をもっています。この区別はなんとなくあるものではなく、政策的に行われているものです。

日本の圧倒的多くの大学は、「教育中心の大学」であり、学部の学生を教育することを中心に運営されています（と言っても、大学の教員とは、「講義をすること」が仕事のすべてではなく、原則的には研究をする者でもあるのですが）。その一方で約二〇〜三〇校ほどの大学は、「研究中心の大学」と見なされています。「大学院重点化」政策以降は、これらの大学では、教員の主たる所属組織は学部ではなく大学院です。肩書きとしては、たとえば、〇〇大学××学部教授ではなく、〇〇大学大学院××研究科教授となります。最近では、研究組織と教育組織のハイブリッドとしての「研究院」という組織名が増えつつあるので、××研究院教授という肩書きもよく見られます。その大学院では博士後期課程まであり、そこで研究者が養成され、社会に輩出されていきます。教員は本格的な研究を行っているものという前提があり、教員という職位に就いていても講義をしない教員も珍しくはありません。また、研究中心の大学の多くには、同時に専門職の養成課程（教員、医師、税務、ビジネススクール、ロースクールなど）もあることが多く、さまざまな意味で、地域の専門職の業界との結びつきを形成しています。

いわゆる大学の大衆化が進み大学進学率が上がるなか、教育中心の大学では、これまた特有の教育上の困難や、ハラスメント、トラブルが起きています（コラム「教育中心の大学におけるハラスメント」参照）。また、国公立大学や大規模な私立大学、創業者家族の理事長・学長の影響力が比較的強いような小規模な大学や短大、さらにまた専門学校等とでは、起きているハラスメント問題の特徴や、導入されている対策の状況が異なります。しかし、やはりアカハラ問題の〝本丸〟は、研究中心の大学や医学部であり、「アカデミック」ならではの構造がもっとも端的に現れます。アカハラに絡む訴訟が起きているのはほとんどが、「白い巨塔」と呼ばれる医学部のケースです。この章では主に、研究中心の大学と医学部の大学院や研究者などの世界で起きていることを見ていくことにしたいと思います。

研究文化の違い

私たちがアカハラの相談業務に従事して気づいたことは、自分たちが知っている研究活動や、教育・研究指導のあり方とはかなり違う世界があるということでした。私たちは文系（社会学）のバックグラウンドを持っているので、大学院生の論文指導での悩みや、ゼミでの人間関係の問題、研究費獲得の苦労や研究成果のクレジットの問題などは理解することができて、問題解決の方向性を考えることができました。しかし一方で、大学院に進学する割合は理系学生が高く、理系の教員や研究員もたくさんいるので、理系分野で起きた問題の相談を受けることもあり、彼らが困っていること、彼らにとって切実なことを我々はあまりよくわかっていないということに気がついたのです。

考えてみれば、ハラスメント問題の相談や調査、問題対処に関わる人たちは、我々のような社会学者や心理カウンセラー、弁護士、裁判官、福祉系のソーシャルワーカーなど、ほとんど文系の学部出身者です。これまで、そういう理系の世界がよくわからない文系の人間だけで、アカハラ問題を語ってきてしまったことに気づいたのです。また、アカハラを考える上で、「何が正当な教育指導や評価か」ということが重要なわけですが、そのような「基準」は、大学全体で一律に決められるようなものではない、ということもわかってきました。なぜなら、学問分野によって、いわゆる研究スタイルや発表スタイル、そして評価されるポイントなどが相当異なるからです。第1章で書いたように、学問的な正しさやその研究の妥当さは、研究者どうしの相互の議論・評価によってのみつくりあげることができるもので、もし他の学問分野での「常識」によって他の分野の研究者の業績を一方的に評価するようなことがなされれば、かなり的外れなものになり、むしろ「不当」な評価ということにもなってしまいます（ときどきそうしたカルチャー・ギャップによる摩擦や被害も起きています[※1]）。

こうした各学問分野でのさまざまな状況の違いを、我々は「サブカルチャーの違い」「研究文化の違い」などと呼んでいます。私たちが理解しはじめた理系分野のサブカルチャーについて、少し見ていきたいと思います。

第2節

理系のアカデミック・ハラスメント

理系の人たちは研究者のマジョリティです。二〇一五年（平成二七年）総務省「科学技術研究調査」によると、人文・社会科学系研究者が一七〇〇人であるのに対し、自然科学系研究者の数は三万六六〇〇人です。理系の世界のアカハラ問題はもっと注目され、きちんと考えられていく必要があります。理系と一口に言っても、理論的な思索を中心に一人で分析や理論構築を行うタイプの研究もあれば、海や野山を歩いて昆虫や動物、海洋生物などを調べたりする研究も、巨額の資金を投じて作られた装置を使って実験や観測をしたりロケットを飛ばしたりするような研究もあります。また、医療の臨床と結びついている研究や、有用な素材や道具、装置やロボット、ソフトウェアなどを作る研究もあって、なかなか多様です。

チームで行われる研究と教育

ですから、すべての理系の研究者が、とは言えないのですが、多くの場合、理系では複数の人が関わって実験や観測を重ね、それをチームの研究成果として発表していくスタイルをとります。研究を行うためには高価な機器や薬品、あるいは研究対象やサンプルへのアクセスが必要で、それは学生一人の力で手に入るものではありません。学生はそうした設備が整っていて研究対象へのアクセスが可能な研究室（ラボ）に所属して、そのチームの研究作業の一部を分担するなかで、実験のスキルや研究の視座を学んでいきます。教員の方も、たくさんの人の手で研究の作業を行うことでデータが蓄積され、研究が進むことになります。

また、非常に大きな研究室では、まるで「工場」のようにたくさんの人が一斉に各々の作業に従事し、研究成果を量産しているようなところもあります。そのような研究室ではいわゆる「下働き」の人間が必要になってくる一方で、研究できる基盤を確保しようと、教員（とくに教授）は外部資金の獲得のための申請書作成や研究成果を外にアピールする活動など、組織運営（マネージメント）に関わる比重が高くなり、実際に「手を動かす」ことは少なくなる傾向にあります。こうしたチーム単位での研究スタイルを、理系分野の第一の特徴として挙げることができると思います。

「発表せよ、さもなくば滅びよ」

理系の第二の特質として、文系に比べて多くの研究者がグローバルな激しい競争状況の下に置かれているということがあります。研究成果は英語の論文で発表されることが多く、その論文が掲載されるジャーナルの「インパクト・ファクター」等によって、昨今は評価が数値化されています。「インパクト・ファクター」（文献引用影響率）とは、特定のジャーナル（学術雑誌）に掲載された論文が特定の年または期間内にどれくらい頻繁に引用されたかを示す尺度です。簡単に言えば、論文がどれくらい注目されたかということです。[※2]

「Publish or Perish（発表せよ、さもなくば、滅びよ）」という言葉があるほど、彼らの多くは「誰よりも早く発見し、それを学術論文で学術誌に発表する」ことの重要性を強く感じています。当然忙しくなりがちですし、研究が装置や実験室、研究対象の生き物などに規定されることも時間的な制約に拍車をかけます。

このような「チーム性」と激しい競争にさらされ続ける研究スタイルは、理系でのアカハラを考える上で重要です。

典型例① ブラック研究室の「ピペド」

これらの背景から生まれてくる理系的アカハラの典型例の一つが「過剰な下働き」です。

ほとんどの場合、この問題は最初から「ハラスメントの訴え」という形になって出てくるのではなく、学生らの「僕たちはただの手足ですか」という疑問や悲鳴として表明されます。この「手足として（だけ）使う」ということは、望ましくない研究指導の形として、教員の側からもしばしば言及されるものでもあります。

榎木英介は、彼の著作のなかで、「ピペド（「ピペット奴隷」または「ピペット土方」）」というスラングを紹介し、バイオ分野におけるこうしたむなしい下働きの人たちの状況を描写しています。榎木は次のように説明しています。

> バイオ研究では、研究者が朝から晩までピペットを握り、ボタンを押したり引いたりしている。（中略）なぜなら、バイオ研究は労働集約的で、実験をすればするほど成果があがる。しかもその作業はなかなか機械化できないという特徴がある。バイオ研究はピペットでさまざまな試薬を混ぜ、反応させたり、細胞を培養したりと、細かい工程の連続なのだ。
>
> なぜ、若手バイオ研究者は土方や奴隷と揶揄されるのか。それは、若手研究者たちが将来の展望もみえないまま、日々なかば強制的にピペットを握らされ、単純作業の

ような実験に励まざるを得ない状況に追い込まれていることがあたかも奴隷のように
みえるからだ。

（榎木、二〇一四年、一二三〜一二五頁）

榎木が述べているように、こうしたピペット奴隷の担い手は、期間を定めて雇用される「ポスト・ドクトラル・フェロー」、通称「ポスドク研究員」や院生、学生です。さらに榎木は、大学教員のなかでも若手の任期付きの助教なども同じような立場であるといいます。

本来ならば、自分の自由な発想で研究計画を立て、自分の手で研究をすればよいのだが、それは非効率だ。数多くの実験工程をすべて一人でやらねばならず、時間もかかる。だから、研究室の主催者である教授が、一人一人に仕事を細かく割り振って、何をすべきかを細かく決める研究室もある。そうなると研究の自由度はなく、ひたすら言われた通りの実験をすることになる。

不可欠だけど非正規雇用。立場は弱い。そんなピペドたちに自由はない。ある研究室では、トイレに行くにも上司の許可がいるという。あるいは日中に論文を読むことを禁止している研究室もある。監視カメラで研究者の行動を監視している研究室もある。

（榎木、前掲書、二八〜三二頁）

とはいえ、単純作業である下働きがすべて問題になるわけでもないと思います。先に述べたように、研究室で取り組む研究活動では、複数の教員や研究者がおり、学生はそのうちの誰か（特定の日常の作業を指導する助教や、研究員や先輩など）に指示を仰ぎながら作業をすることが多いようです。すると、日常的な指導担当者との関係性、指導の仕方、あるいはたまに指導を受ける主指導教員の教え方や励まし方によっては、喜んで下働きに従事し、同時に学び取れてもいる学生になることもあります。しかし、理不尽な指示を繰り返し、よい教育を構築できていない「ブラック研究室」では「ただの手足、兵隊」という不満となってしまいます。これは結局、教育関係や互いを尊重する共同研究の関係性が保てているか、それとも使い捨ての、部分的な作業の、自由度の低い半強制的な作業を指示しているにすぎないのかの違いなのかもしれません。私たちは以前、学生が「先生が、自分が苦労して作った化合物を、「できたか、どれ」って持って行ってしまうんです」と語るのを聞いたとき、何が問題なのかは最初はわかりませんでした。しかし、理系の関係者の方から、それは、苦労して作った料理を先生が一人で持って行って全部食べてしまうことに匹敵する、かなりかわいそうなことだと言われたことがあります。

こうした「下働き」のかなりの部分を、日本では「ただ働き」で学生にさせており、他の国では給与を支払ってポスドク研究員等にさせているという差異があるようです。アカハラ発生の観点から見たとき、学生のただ働きよりも雇用関係の方がよいと断言できるのかどうかについて、私たちはまだ答えを出せていませんが、給与やあるいは奨学金などの経済的援助が、理不尽な指示やルールへの服従と引き換えになることなく、また特定の学生だけが優遇されるというようなことにもならない限りは、ベターな方向性の一つなのかもしれません。日本でも、自分より下の学年の授業進行を補佐するTA（ティーチング・アシスタント）や、教員の研究を補佐するRA（リサーチ・アシスタント）として学生を雇うことで多少の経済支援は行われています。

典型例② 長時間労働が当たり前

理系のアカハラの典型例の二つ目は、「なぜ、朝から夜遅くまで研究室にずっといなくてはいけないのですか」という問いに象徴されるような、いわゆる長時間労働の強制、あるいはその慣習化です。もちろん、研究成果を出すため、または学会や論文投稿の直前の作業のために、夜遅くまで研究室に残る必要があることは、どこの研究室でも同じです。しかし、実験の必要があるから徹夜するのではなく、「教授が大学から帰るまでは他のメンバーも帰ってはいけない」とか「三度の飯より実験が好きな教員のペースに合わせて食事もせず徹夜するのが当然だ」という考え方が支配しているとか、メンタルヘルスにも悪影響を及ぼすほど非常に長い時間の「コアタイム」がルールとして設定されており、必ず出てこなければならないなどということになると、これはいわゆる「ブラック研究室」ということになるのではないでしょうか。

日本の理系の研究者を研究したコールマンによると、日本の研究室では不必要に長時間労働が奨励される傾向があるといいます（S. Coleman、一九九九）。となると、この「問い」は、理系の特徴に加え、旧い日本企業の文化を反映した日本的な問題である可能性もあります。科学者、理系研究者の生活を描写するさまざまな書き物——小説やガイドブックなど——を見ていても、朝から夜中まで、毎日、土日も関係なく実験にいそしむことがよいこととして書かれているものをしばしば目にします。もちろん、文系の研究でも、膨大な、地道なリサーチ作業の蓄積や、緻密な考察などをたくさん行うことは必要です。しかしながら、「勤勉さ」ということが理系ほどはっきりと称賛されることはないように感じます。

典型例③　強い叱責、追い詰め

典型例の三つ目は、強い叱責が出やすく、それが正当化されやすいということです。研究のグローバルな競争下での強いプレッシャーから、「成果を出せ」という叱責が行われやすいのです。実験などでミスをすると、「先生の研究費で買った高価な薬品などを無駄にする」「チーム全体に迷惑をかける」として、教員だけではなく上級生などからの強い叱責や暴力、あるいは「弁償しろ」というような言動が出やすいようです。このタイプのアカハラは、大学のハラスメントについての懲戒処分の発表においても散見されますが、この「強い叱責」は単に叱責した教員や研究員、上級生らの性格の問題によるものだけではなく、強く怒ってもよいと信じる彼らなりの理屈がつくられやすい状況に置かれているのだと思います。

理系の研究室では、学生が学会発表に行く際の旅費など、文系では見られないような援助をしていることがよくあります。とにかく、研究室の実験装置や薬品、素材、そして学会旅費などもすべて先生が学生の「面倒をみる」要素が多く、これが文系にはないタイプの教員と学生の力関係の差、教員の決定に対する学生の従属を作り出す土台となっているようにも思います。

第3節
オーサーシップと研究倫理問題

誰が著者?

研究の「チーム性」がもたらす別のタイプの典型的問題が、オーサーシップ問題です。理系では、一つの論文が生み出されるまでに、研究資金、場所、装置などの物的資源の提供からテクニシャンまで、さまざまな形で多くの人が関わることが少なくありません。そこで、研究を本にまとめるときも「単著」で出すことはあまりなく、複数の著者による「共著」がほとんどです。たとえば、共著者数が最少になるパターンは大学院生とその指導教員の二人による共著です。ここが、文系の指導教員が学生の卒論や修論を、「自分の研究ではなくその学生の研究」に対して助言をするという関係性とは少し異なる点です。研究の内容や論文にまで教員が関与するという、ある種の権力関係の強さがあるように思います。

また、多機関・多国間にまたがる共同研究も多いなかで、六人や八人などの著者数は珍しくありません。研究分野によっては、数百人が名を連ねる分野もあります（著者の順番はアルファベット順など）。そういう論文については、「著者一人当たりにすると……何文字？」というジョークが語られたりするほどです。文系の論文の、思索、考察の過程が書かれたものとしての著作のような捉え方ではなく、理系の論文は実験の結果報告のような位置づけでページ数が短いことも多く、その執筆行為には、単著あるいは章ごとの分担執筆を行う文系のような「著作権」の枠組を適用することは難しいのではないかと思われます。

私たちは、文系の領域では非常に理解されやすい「先生が指導のなかで勝手に学生の論文やプレゼンテーション資料を書き変えてしまうというアカハラ」の例をＦＤ（ファカルティ・ディヴェロップメント、大学教員らの研修会）で紹介したところ、理系の教員から「それはよくやっていることだが、どこが問題なのか」という質問を受けたことが何度かあります。それで文系と理系の違いを認識するようになりました。

理系の本の「執筆」では、教員と院生とが研究のデザインをディスカッションして、「手を動かす」実験などは院生が行い、先生が論文を書いて投稿してあげるというのはよく行われていることのようです。

つまり、一般に理系では「著者とは誰のことか」「その研究に貢献したのは誰か」「内容に責任を持つのは誰か」ということが、文系とは異なっているのです。理系の共著論文における「不適切なオーサーシップ」問題は、研究不正やハラスメントにもなりうる微妙な問題です。たとえば、自分もその研究に貢献したのに著者に入れてもらえなかったという「ゴースト・オーサー」の問題があり、その一方で、研究に関与していない人も著者に入れるという「ギフト・オーサー（名誉オーサー、ゲスト・オーサー）」という行為もあります。

また、共著では「ファースト・オーサー」や「コレスポンディング・オーサー」であることが、研究業績の評価で重要な意味を持つので、そうした著者の順位等をめぐる不満も見られます。ファースト・オーサーとは、共著者の著者リストの最初に名前が来る人のことで、「筆頭著者」「第一著者」とも呼ばれます。学問分野によって、違いがあるのですが、理系の多くの分野では、その論文に書かれた研究に、もっとも中心的にかかわった人、貢献度の高い人をファースト・オーサーとすることが多いとされています（もちろん、文系ではそうした順番の意味づけはありません）。

また、コレスポンディング・オーサーとは、その研究の責任者、問い合わせ先としての責任を持つ人のことを指し、「責任著者」「連絡著者」とも呼ばれます。また、著者リストの最後に名前が来る人のことを、「ラスト・オーサー」と呼びます。ラスト・オーサーには、その研究チームのボス、研究室の長、指導教員らがなることが多いと言われます。

たとえば、有名なジャーナル、『ネイチャー』誌の二〇一七年五月四日号に掲載されている、細胞生物学の「ミトコンドリアのカルシウム交換に依存する恒常性」についてのレター論文[※3]では、著者として、アメリカの大学や研究機関に所属する研究者一六名の名前が並んでいます。一番最後はジョン・W・エルロッド（John W. Elrod）さんなので、彼がラスト・オーサーということになります。

そして著者情報の次に、コレスポンディング・オーサー（Corresponding author）という表示があり、そこをクリックすると、エルロッドさんの名前が再び表示されます。つまり、ジョン・W・エルロッドさんはラスト・オーサーであり、コレスポンディング・オーサーでもあるということです。

オーサーシップ問題は「微妙な問題」の象徴

本書では、単に研究不正を「告発」するためにオーサーシップ問題を論じたいわけではありません。理系のチームでの研究スタイルに付随する、さまざまなテーマを典型的に示すものとしてオーサーシップ問題を扱いたいと考えています。

たとえば、権力関係が対等でないなかでオーサーシップが決定されるとすれば、ハラスメント的な出来事になります。極端な例として、昔は、研究室の長である教授を、その研究に主にはかかわっていなくても必ずファースト・オーサーにしなければならないというような「慣行」があったことが挙げられます。この場合、他の研究者は研究クレジットを教授に「差し出さねばならない」という不利益を被り続けることになります。また、共著論文ということは、一人一人の研究者の貢献度や実力がわかりにくいということでもあります。

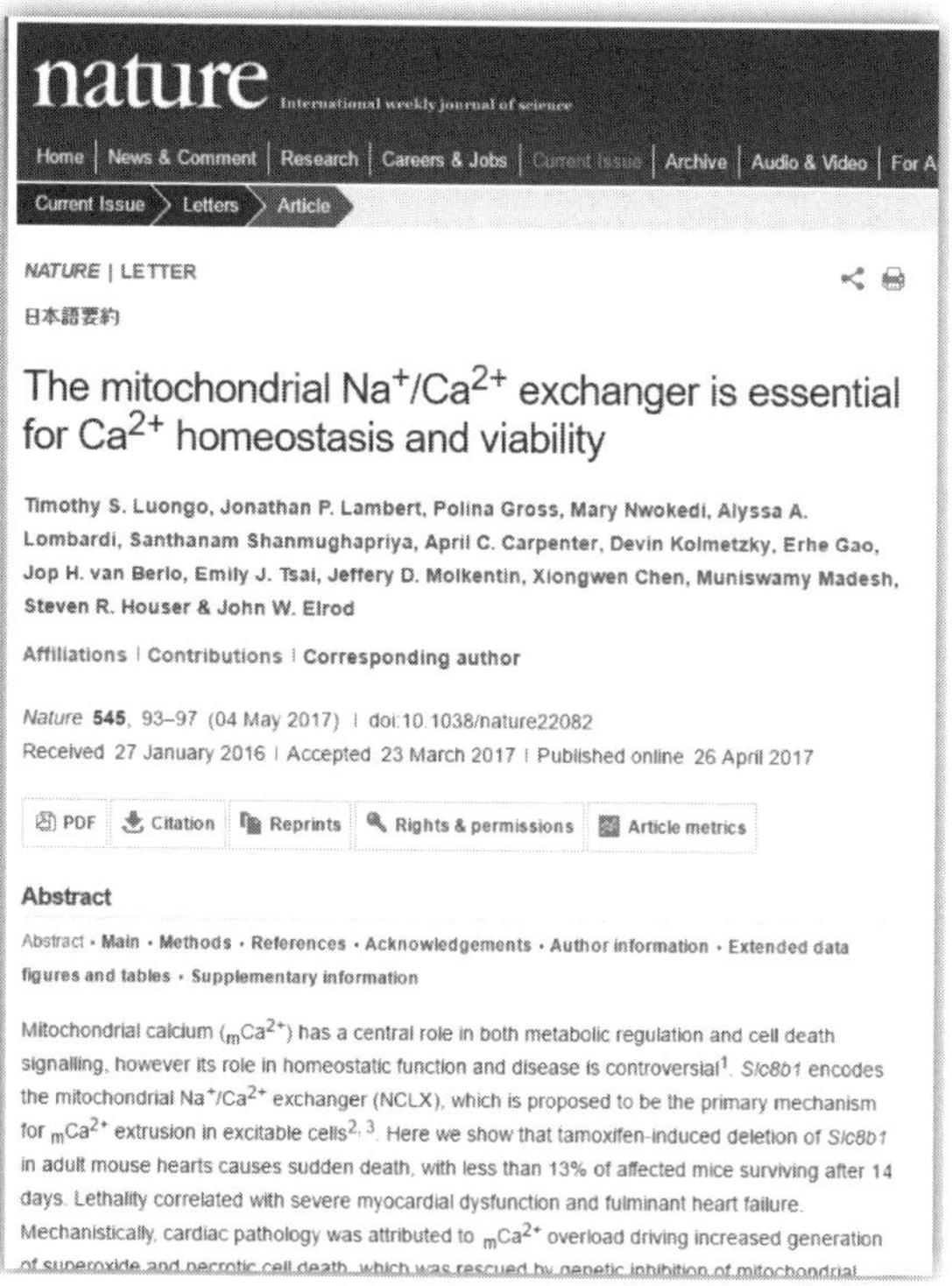

nature International weekly journal of science

Home | News & Comment | Research | Careers & Jobs | Current Issue | Archive | Audio & Video | For A

Current Issue > Letters > Article

NATURE | LETTER

日本語要約

The mitochondrial Na^+/Ca^{2+} exchanger is essential for Ca^{2+} homeostasis and viability

Timothy S. Luongo, Jonathan P. Lambert, Polina Gross, Mary Nwokedi, Alyssa A. Lombardi, Santhanam Shanmughapriya, April C. Carpenter, Devin Kolmetzky, Erhe Gao, Jop H. van Berlo, Emily J. Tsai, Jeffery D. Molkentin, Xiongwen Chen, Muniswamy Madesh, Steven R. Houser & John W. Elrod

Affiliations | Contributions | Corresponding author

Nature **545**, 93–97 (04 May 2017) | doi:10.1038/nature22082
Received 27 January 2016 | Accepted 23 March 2017 | Published online 26 April 2017

PDF | Citation | Reprints | Rights & permissions | Article metrics

Abstract

Abstract • Main • Methods • References • Acknowledgements • Author information • Extended data figures and tables • Supplementary information

Mitochondrial calcium ($_mCa^{2+}$) has a central role in both metabolic regulation and cell death signalling, however its role in homeostatic function and disease is controversial[1]. *Slc8b1* encodes the mitochondrial Na^+/Ca^{2+} exchanger (NCLX), which is proposed to be the primary mechanism for $_mCa^{2+}$ extrusion in excitable cells[2, 3]. Here we show that tamoxifen-induced deletion of *Slc8b1* in adult mouse hearts causes sudden death, with less than 13% of affected mice surviving after 14 days. Lethality correlated with severe myocardial dysfunction and fulminant heart failure. Mechanistically, cardiac pathology was attributed to $_mCa^{2+}$ overload driving increased generation of superoxide and necrotic cell death, which was rescued by genetic inhibition of mitochondrial

このようにさまざまな「微妙な問題」が共著やオーサーシップに反映されているのです。

国際基準のルールはあるけれど

こうしたオーサーシップ問題については、国際的な統一基準化の動きが、主にバイオメディカル分野で進められてきました。医学雑誌編集者国際委員会（International Committee of Medical Journal Editors, ICMJE）は、一九七九年から研究倫理に関するさまざまな世界基準を打ち出し、その提言は現在に至るまで改訂を重ねています。近年ではこのＩＣＭＪＥの著者基準が一つのグローバルな基準として用いられるようになり、とくにバイオメディカルを中心とした研究分野の主要国際誌では、現在、少なくとも全著者がそれぞれどんな役割、寄与をその研究成果に対して果たしたのかを明示することが求められるようになっています。私たちが日本の科学者を対象に調査を行った二〇一一年当時、ＩＣＭＪＥの著者基準は、次の三つの条件をすべてを満たすことでした。

①研究の着想やデザイン、またはデータの取得、またはデータの分析と解釈
②論文の執筆、または原稿内容への重要な知的改訂
③出版原稿への最終的な同意

二〇一三年に改訂された著者基準では、さらに厳格化され、第四の基準として「④研究のすべてに対して、その正確さや公正さに関する疑問が適切に解き明かされるように、すべての内容を説明できることに同意していること」が追加されています。[※4]

こうしたＩＣＭＪＥの考え方では、所属機関の長であるとか、資金提供をした人（funder）

表2 あなたは、これまでの研究生活の中で、次のような体験をしたことがありますか。(複数回答)

実際に研究にかかわっていないけれど、共著者に名前が入っている人がいた	38.7%(382人)
実際に研究にかかわっていないけれど、自分が共著者に含まれていた	15.5%(153人)
研究に参加していたにもかかわらず、自分が共著者に入らなかった	27.8%(274人)
自分が研究で重要な役割を果たしたにもかかわらず、ファースト・オーサーなどのふさわしい順位にならなかった	14.5%(143人)
実際に研究成果が出ていたにもかかわらず、発表の許可が得られなかった	6.4%(63人)
やりたくない研究テーマだったのに、研究に関わる作業をさせられた	9.9%(98人)
追求したい研究テーマがあったにもかかわらず、それに取り組むことが許されなかった	11.1%(109人)

日本の理系の論文生産性トップ15大学(※5)の教員(医歯学部除く)対象のアンケート調査結果より(2011年実施、調査対象者3000人、有効回答数988)(湯川・北仲・横山)

というだけでは著者とすることはできず、そのような人は謝辞(acknowledgement)に載せるべきだということになります。

さらに医学分野では、論文作成につながる作業の一部は、研究者ではないメディカル・ライターが担っている場合もあります。ゴースト・ライターとも呼ばれるこうした存在は、製薬企業のメディカル・ライターである場合、利益相反という別の問題も含んでいます。

そのため、研究のプロセスに関わった情報を透明化し、研究不正を防止するためにも、メディカル・ライターの存在を明示すべきではないかという議論があります(Hirsch, 2009)。しかしながら、湯川・北仲・横山が二〇一一年に

表3　実際に研究にかかわっていない人が、共著者に入ることについて、どう思いますか？

明らかに問題	45.1％（446人）
場合によっては問題	45.4％（449人）
あまり問題ではない	7.3％（72人）
問題ではない	0.5％（5人）

日本の理系の論文生産性トップ15大学（※5）の教員（医歯学部除く）対象のアンケート調査結果より（2011年実施、調査対象者3000人、有効回答数988）（湯川・北仲・横山）

行った日本のトップ15大学※5（医歯学部以外）の理系の教員への調査では、こうしたグローバルな基準を知らなかったり、遵守していなかったりする割合が高いという結果が出ました※6。つまり、彼らの論文の多くには、ＩＣＭＪＥ基準では著者に入れるべきでない人が多数入っていたのです。

また、回答者の三割前後が、これまでにいわゆるギフト・オーサーやゴースト・オーサーを経験していると答えた（表2）にもかかわらず、いわゆるギフト・オーサー（実際に研究にかかわっていない人が共著者に入ること）を「明らかに問題」と考える人は半分程度でした（表3）。自由回答からは、「関係者で合意があればいい」「慣習である」「研究資金を提供したこと」「研究できる環境を整えたこと」など多様な「ルール」があることや、統一のルールや定義を決めることには抵抗がある人もいることがわかっています。研究分野によっては、オーサーシップ問題が起きにくいところもあり、この問題がどれほどリアルで、切実なものと感じられるかについては、研究者によってばらつきがあるようです。

研究不正とアカハラの深い関係

近年、研究不正（academic misconduct）の問題への社会的関心が高まり、対策が急速に進んでいます。なお、ここでいう研究不正とは、研究の過程で誰かの権利を侵害する、社会に迷惑をかけるという意味での研究倫理とは異なり、その研究行為や結果の発表が、うそやごまかしのない、誠実な、まともなものであること（academic integrity）という前提を裏切る行為のことを指しています。不適切なオーサーシップも研究不正行為の一種ですが、サブカルチャーが多様であるため、統一ルール化するには判断が少し難しいタイプの問題になります。

現在の文部科学省の「研究活動における不正行為への対応等に関するガイドライン」（平成27年4月より適用）では、「違反の対象となる不正行為（特定不正行為）」を、「故意又は研究者としてわきまえるべき基本的な注意義務を著しく怠ったことによる、捏造、改ざん、盗用のこと（いわゆるFFP, Fabrication, Falsification, Plagiarism）」とし、これらの行為については大学等の研究機関の告発受付や調査等の規程等整備、公表、責任者の明確化、文部科学省等への報告義務などを定めています。これによって各大学では、最近ハラスメント相談窓口体制とは別に、研究不正の規則や窓口、委員会が設けられ、研修も実施され始めています。

しかし、アカハラと研究不正の問題は、絡み合って起きやすいのが現実です。オーサーシップがらみのハラスメント以外にも、対等ではない研究室のメンバー関係のなかでは、たとえば、上司からリスクの高い行為をするように押しつけられる、研究室内での不正行為の隠蔽に加担させられるといったことが起きています。

したがって、ハラスメントの相談窓口や委員会とは別個に研究不正の告発窓口を設置し、研究不正がなされた後の「告発」「調査」「処分」を基本の枠組みとする対応だけでは、対策としては不十分だと言えます。未然防止や「相談」をふまえた柔軟な対応をするためには、学内のハラスメント相談や防止体制と一本化する必要があるでしょう。

また、英米では、大学から独立した研究不正の監視・防止のための機関が設置されています。ハラスメント相談との一本化と同時に、日本でもこのような大学を超え独立した機関の設置が必要だと考えられます（このことについては、第4章で詳しく書きます）。

第4節
教授がとても「偉い」ところ

小講座制が生んだピラミッド組織

同じ大学教員と言っても、教授も准教授もそれほど立場に違いのない大学や学部、研究科も多いのですが、一方で「教授」という職位が特別な重みをもって扱われるところもあります。それは、理系――とりわけ医学部歯学部――の「小講座制」の研究室の世界です。

研究中心の大学の理系の研究室（分野によって異なるのですべてではないのですが）や、医歯系学部の研究室では、いわゆる小講座制の組織形態を今なおとっているところが多く見られます。講座制（または小講座制）とは、「〇〇学講座（または〇〇学分野、〇〇学教室）」と呼ばれる研究室に一人の教授に加え複数の教授以外の教員がおり、そこに学生が所属している研究・教育システムのことです。

「大講座制」と呼ばれる場合は、複数の教授を含めた何人かの教員が一つの学問・研究をする単位としてまとまって活動してはいるものの、基本的には一人一人が別々の研究室を持っていて、別々に研究し、各教員の下に学生がついている状態です。大講座制は比較的緩やかな組織であることがほとんどですが、小講座制の研究室では、その講座の統括者である一人の教授に他の教員やスタッフに対する権力が集中しているところがあります[※7]。

実は、この小講座制は二〇〇五年の学校教育法の改正によってすでに法的な縛りは消えていて、別に小講座制の形にしなくてはならないということはありません。しかし、旧帝大系など多くの研究中心の大学および医歯学系では、事実上、小講座制での運営が続いているようです[※8]。

制度上の定義で見れば、小講座制というのは教員人事、予算配分の枠にすぎません。個人個人での研究が基本である文系の小講座制の研究室では、「〇〇学」研究室に属する複数の教員と学生たちの組織としての意味でしかないことも多いのです。しかし、理系の小講座制では、一人の教授がその講座の統括者として、同講座に所属する他の教員に対して優越した権限を持つ関係性が成り立っていることがあります。さらに一部領域では、講座とは、一つの研究テーマに取り組む一チームであり、その研究方針、人事・予算などを決められるのは教授であるというモデルが生き残っています。そこから、「教授の独裁や横暴」というタイプのハラスメント問題が生起してくることになります。

「教授独裁型」という悪夢

この講座制における「教授の権力」についてもう少し見ていきます。たとえば研究科などで、予算や人事の決定権は教授にしかなく、各講座の運営に他講座の者は口を出せないというルールが敷かれている場合があります。もちろん、そうした場合であっても、教授は単なる組織の運営者であり、管理職としての役目にすぎないと考えられていることもあります。しかし、スタッフをクビにするのも昇進させるのも、研究者に研究発表を許可するのも、その権限がすべて一人の教授に任されていて、また、それが当然であるという考えを研究室のメンバーが共有している場合は大変危険です。

おそらくいくつかの典型的なアカハラ、とりわけ教員間や研究者間のハラスメントは、この「教授独裁型」小講座制の権力構造に起因しています。典型的な事例としては、教授が講座予算を独占して他の教員には分け与えないというケースが挙げられます。そもそも、各教員に大学から支給されている研究費（運営費交付金、校費）が「大鍋」にまとめられていて、教授以外の研究者は自由に使えない状況になっていることもよくあります。また、教授とは別のテーマで研究することを否定したり、助教をこき使ったり、新教授が着任後に以前からいる教員を追い出したり、めざましい研究成果を出さない教員は「研究室に迷惑をかけている」存在としていじめたりするといったケースもあります。

こうした権力構造は、新しい自由な発想での研究を抑圧し、若手研究者が育たない土壌として批判の的になっています。しかし、私たちの聞き取り調査では、小講座制下の研究活動を、各メンバーが有機的に結びついた一体感の強いチームとして好意的にとらえる研究者もいます。そのようなとらえ方が、教授に奉仕することの当然視、教授の研究を他の教員は手伝うべきという規範の維持につながっているのかもしれません。

小講座制は絶対悪？

小講座制は大学で起こるハラスメントの元凶のように言われることがしばしばあります。たとえばアンケートの回答やウェブサイトでの書き込みにもそうした意見はよく見られますし、私たち自身も質問されたことが何度かあります。この小講座制の弊害というのは以前から指摘されていることで、戦後のＯＥＣＤの報告書にも出てきますし、大学の「民主化」を目指した、六〇〜七〇年代にも盛んに議論されました。

しかしそこでは、文系にも見られるような同じ大学の研究室出身の、いわば子飼いの弟子ばかりが名門大学の講座の教員になっていく問題ばかりが意識され、本書で見てきたような、自然科学系分野のチームでの研究における教授へのフリーハンドな権限集中や、日常的なコミュニケーションにおける横暴と部下の追従的態度などを踏まえた議論はあまり

展開されてこなかったようです。※9

ただ、その一方で、教育組織として、複数の教員によって学生院生が指導されるという意味での小講座制の機能は、むしろ肯定的に見ることもできるのではないかと思います。第6節で見るように、文系の場合は指導教員と学生の一対一の結びつきが強いため、教員が学生を精神的に囲いこみ、自分を絶対視させる危険性も高くなります。ですから、同じ学問分野の教員が複数いて、複数の教員の指導を受けたり、相談できる環境にあることは、学生の教育という点ではむしろベターと見ることもできるのではないでしょうか（もちろん、まったく違う指示をそれぞれの教員から受けて、学生が板挟みになって困る場合もありますが……）。

したがって、小講座制については問題を切り分けて検討していくべきだと思います。たとえば、教授の権力がハラスメントや若手つぶしになる問題、複数の教員が一組織をなす研究・教育組織のあり方、「他の講座へは口出ししない」という暗黙のルール、教授たちだけで研究科の重大事項を決めている状況に対する民主主義としての問題が挙げられます。さらにもう一つの問題として、医歯学部での医局講座制と結びついた教授の権力構造とそのサブカルチャーも挙げたいところです。次節でその医歯学部における医局講座制の権力とそのサブカルチャーについて見ていきます。

第5節

医歯学部の医局講座制

医学部教授がとくに「偉い」理由

医歯学系の研究組織においては、「教授独裁型」小講座制の度合いが強いように思われますが、単に「強い」だけではなく、理農工学部とは異質な側面もあります。それは、医局講座制というものがあるからです。医歯学部の大学教員は教育研究組織としての「大学」と、臨床の診療組織（いわゆる医局）との二重構造上の存在となっているのです。つまり、大学教員らは事実上、大学院の医学研究科と大学病院にまたがって所属しています。昨今、弱体化しつつあるとはいえ、医局講座制は地域医療界への人材配分機能を有しており、また、地域の医師とのつながりやグループ（「医局」「同門会」など）を組織して、紹介患者を受け入れるなど、地域の各病院とつながった医療体制を構築する核となっています。

ですから医学部の講座の教授は、研究組織と診療組織、さらに地域医療の関係者への二重三重の権力を持っていることになるのです。そこで、医歯学系では、工学系や理学系などの「ふつうの」小講座制の教授が持っている権力より強い権限を持っていることが多いのです。もう一段階上の「偉い」人だという扱われ方をするのです。

医局という不思議なシステム

では、医局制度、医局講座制とはなんでしょうか。大学病院の診療科は、同時に大学の教育研究組織としての講座でもあり、これを医局講座制といいます。たとえば内科であれば、内科学講座や内科学教室などといった名前の講座があります。「医局」は、とくに法制度の裏付けはない医師の登録組織で、大学病院の勤務医(診療医)や教員、大学院生などが所属(「入局」)しています。大学や大学病院ではなく、地域の「関連病院」「派遣病院」などと呼ばれる病院に派遣されている医師もいます。別にその大学出身でない医師も、所属することがあります。さらに、「同門会」には、その大学病院とのネットワークにつながる開業医たちも入っています。そのことによって、医局の長である教授ないし中心的な立場のスタッフは、その地域の医師の人事をコントロールする力も持っていることになります。

たとえば、大学病院をめぐる医師不足問題について、次のような報道がありました。

△大学病院△科医局の医師一〇人が、今年度末で辞職することがわかった。四月に後期研修医五人が入局するが、同医局がこれまで通りに地域の各病院に医師を派遣するのは困難で、医療が十分提供されなくなるおそれがある。大学によると、同医局には約一二〇人の医師がおり、うち約一〇〇人が△大学病院以外の〇〇県内の公立と民間の三五病院へ派遣され、常勤している。

先ほども紹介した医師の榎木は、「『医局』という謎」についてこのように書いています。

医局とは、診療科を単位として、その科の教授を頂点とする運命共同体なのだ。医局の範囲は大学内にとどまらない。関連病院に勤務する医師や、他の大学に勤務する医師も医局員に含まれる。非常に幅広いネットワーク機構なのだ。一種のギルドというべきか。ヤクザの組みたいなものかも。（中略）ちなみに「医局費」という会費を徴収するところが多く、結構高かったりして、医局員の悩みの種になっているらしい。まさにみかじめ料だ。医局は会社でもＮＰＯ法人でもない。いわば任意団体だ。法的に裏付けはない。このなんだか曖昧な医局が、医師の人生を左右する。

（榎木、二〇一三年）

これまで医局制度は医師のキャリア形成と深く結びついたシステムという側面もありました。[※10] 榎木の説明では「医局に入局したら、大学病院や関連病院を二〜三年ごとに転々とする。病院によって得意な分野と苦手な分野があるので、数年ごとに違った病院に勤務し、技術を学ぶのだ。そのうち大学院に入り、博士号を取得し、留学し、また病院を転々とする。そして、年齢が高くなると、特定の病院の部長などになり、定年までそこに定着する。あるいは開業する。医局に入ってしまえば、ある程度医師としてのキャリアの見通しが立つ」と表現されています。

二〇〇四年の新研修医制度の導入によって、大学病院の医局に所属する医師は減少しています。これを受けて、医局制度は崩壊しつつあるとか、新専門医制度の案によってまた復活する可能性があるとか、医療の質、医師の供給、教育などの観点から、さまざまな議論がなされています。そのことの是非については本書の対象とするものではありませんが、医学部や大学病院が、他の学部や研究科にはまったく見られない構造を持っているということを確認しておきたいと思います。医局に所属する医師は、最近は医師の半数くらいだという報道もあります。医局員が減少したと言っても医局はなお、社会全体の医療や医師の世界に大きな影響を持つものだと言えるでしょう。

つまり、医局というのは、大学に公式に所属する教員や院生以外の医師をも含む、非常に大規模な組織であり、大学病院の教授をはじめとする講座の教員らは、そうした地域医療への人材派遣や、医局に所属する多数の医師の働き方、教育、キャリアなどを左右する大きな影響力を持っていることになります。この医歯系、とくに医学部での医局講座制という特質から生まれるハラスメントの典型例として、医局に所属する医師や教員が、大学病院の「外」の関連病院に不本意かつ不利益な条件で「配置」されることが挙げられます。

榎木は、次のように書いています。

一方で、医局は人材派遣業である。地方で人手が不足している病院は、医局に医師を送ってくれと頼む。それを受けて、医師が派遣される。ある日突然、○○病院に行ってくれといわれ、一週間で転勤なんてこともザラだ。行ってくれと言われても…家族どうすんの？　家どう探すの？　え？　え？　いきなりじゃ躊躇することもあるだろう。しかし、派遣命令はなかなか断りにくい。医局はキャリアの面倒を見てくれるけれど、医局の意向に反したことをすれば、放り出される可能性がある。そう考えると、断りにくい。

（榎木、二〇一三年、一三五〜一三七頁）

このようなことを考えると、大学のハラスメント相談窓口は、医局員である、学外の関連病院に勤務する医師からの相談も受け対処する必要があると言えるでしょう。

それ以外にも、医歯学系では、学位の謝礼金などの賄賂を当然視する風潮が残っていたり、研究対象（患者・細胞組織など）へのアクセスの許可をめぐるさまざまな嫌がらせなどが見られます。さらに、臨床の場であることが、単なる研究組織の権力関係以上の、職業上の上下関係を生み、強い叱責や恫喝的態度、軍隊的な上下関係など、対等にディスカッションできない関係性を生み出していることもあるのではないかと思われます。同じ理系の研究室でも、とくに医学部でない学部には、学生が教員を「○○先生」と呼ばずに「○○さん」と呼ぶのがふつう、という領域もあります。それと比較すると、医歯系での教授の権力の大きさ、権威の強さ、それに対する構成員の従属的態度はまったく異次元のものです。[※11] 法的に強制されているわけでもない、そうした「教授の研究のために奉仕する研究室」像を当事者たちが当然だと思ってしまっていることも問題の解決を難しくしています。

万年助教の存在はハラスメント!?

私たちがある医学系研究者と交わした、忘れることのできない会話があります。その方は、大学医学部にいるいわゆる「万年助教」の存在自体が（教授に対する）ハラスメントではないか、と真面目に質問されたのです。その意味はおそらくこうです。教授は研究室ないし講座を取りまとめて、よい研究成果を出し、よい教育をする責任がある。だから教授にとって、すなわちその研究室の研究や教育にとって役に立つような働きをしていない教員は、できればどこかに出て行ってほしい。たとえば他の病院とか、他の大学とかに。そうすれば、その人の代わりに自分の研究室に役立つ新しい人材を一人迎えることができる。それなのに、「出ていけ」と言われても出ていかず、その大学の教員として勤務し続けている助教の態度は、要するに教授に対する嫌がらせで、ハラスメントではないか。そういう人は大学としてハラスメントで罰するとか、批判するとかできないものか——。

念のために申し添えますと、「出ていけ」と部下に圧力をかけること自体が問題行為です。この質問を受けたとき私たちは驚きましたが、その後、このような「教授のための講座」という考え方は医歯系の人々のなかでは珍しくないということを次第に学んでいきました。日本で最初のアカハラの訴訟も、医学系での「助手（助教）を追い出そうとした教授の嫌がらせ」でした。[※12] 裁判ではその教授の行為の方がハラスメントであると認定されましたが、同様のことがあちこちの医歯系研究室で起こっているのではないかと思われます。

第6節 文系でのアカデミック・ハラスメント

ここまで、主に理系におけるアカハラを見てきましたが、理系の方が文系よりハラスメントがひどいということではなく、文系の人には見えていない特有の状況が理系にはあるということを言いたかったのです。では、文系の世界ではどうしょうか。文系も全部同じではなく、これまた各分野ごとのサブカルチャーはあります。とくに、法学部系の大学院以上の世界には独特なサブカルチャーがあると私たち（社会学）の目には感じられます。法学の論文では、ある論者の研究を引用するとき、単に「横山は」とするのではなく「横山教授は」などと職位や肩書をつけると聞いたときには驚きました。社会学では、「現代社会の人々はどの職業をなぜ「偉い」と思っているのだろうか」ということ自体が研究テーマになっているくらいなので、このような表記を論文中では見たことがなかったからです。

一方で、法学部の学部だけ卒業していたり、学部と法科大学院（ロースクール）だけしか経験していない裁判官や弁護士の方々は意外とアカハラがわかっていない、ということもわかりました。法学部では卒論を書かなくても卒業できる大学も少なくないので、どうやら大学における「師弟関係」というのが想像しにくいようなのです。また、文系のなかでも、教育・臨床心理・福祉など、対人的な研究を行う分野の研究者と、そのような「現場」「クライアント」を持たない分野の研究者の間でも、ハラスメントに対する考え方が異なるように感じます。

文系の研究スタイル

あえて理系と比較して言えば、文系は自分一人で思索し、研究し、文章を書くスタイルが主流です。ですから論文は基本的に単著です。指導教員から研究テーマをもらうこともあまりありません。言葉の使い方やニュアンスなども評価の対象なので、たとえグループで共同研究をして共著で論文や本などを書いたとしても、「何章は誰が執筆した」などと明記することが多くなります。また、理系のようにグローバルな研究知見の共有や競争を前提とすることはほとんどありません。それはたとえば、日本の過疎化地域の高齢者福祉の問題や、海外では知られていない俳人の句に関する研究を掲載している日本の学術雑誌を「インパクト・ファクター」等のランク付けなどで評価しようとしても意味がないという事情があるからです。さらに文系の研究は、一般的に理系ほどにはお金がかかりません。たいていの研究は、数百万円程度あれば可能です。

ディープな関係、マインド・コントロール

もう一つ、社会学系の者からすれば、何が「正しい行い」で、何が「価値のある知識」なのかを考察すること自体が研究の対象になるので、研究にはイデオロギーや政治性、人間観、生き方などが付随してきます。そういう意味で文系の学生が先生の下で、あるいは研究室の人たちとの関係のなかで、研究者として育っていく過程には、個人の価値観や生き方などのディープな問題が絡みついてくることになります。たとえば、差別問題、人権問題を主に研究している教員による女性蔑視発言などがあった場合、文系の学生・院生にとっては、その教員から指導を受けたいという動機が土台から崩されることになります。

湯川やよいは、院生の立場から見たアカハラの悩みや、「アカデミック・ハラスメント」とまでは院生本人が名前をつけていない指導教員らとの関係についてのインタビュー調査を通して、文系の師弟関係の特徴について次のような考察をしています。

湯川は、「アーツ的領域[※13]の教員―学生関係に特有な文脈」の特徴を次のようにまとめています（湯川、二〇一四年、三三八頁）。

①対象者の日々の研究活動（発案、資料収集、分析・考察などの思考過程、論文執筆）およびその発表形式（論文・報告）が、対象者個人を独立した基本単位として営まれていること

②研究内容に対象者の日常的諸規範・政治的立場が何らかのかたちで反映されやすいことが明示的・暗示的前提とされていること

そして、「「アーツ的」領域における対象者のケースから特徴的に浮かび上がるのは、「距離の近さ」が「支配」として認識・描写される教員―学生関係である。そして、この「支配」的関係が形成される背景には、教員と学生双方の日常的言動や主張を裏付ける理念・信念・政治的立場が、指導内容＝研究内容そのものとより直接的に連関しやすい、「アーツ的」領域の特色が見える」としています（同前、三二八頁）。

学問や教育という営み自体、相手に知的影響を及ぼすものであり、当然ながら教員はその権力関係の上位に立っています。学生は、学部の後半や大学院など、専門的な段階になればなるほど「弟子入り」をして、特定の師の指導を個人的に受ける関係に入ります。たった一人の師から授けられる知識や作法を、おかしいなと学生が感じたとしても、「それがその学問の作法なのかもしれない」とむりやり飲み込む危険性があります。他の教員・学生

と会話するなどして、別の視点から見てみる機会を持たないような学生の場合、教員がその学生の研究成果やアイディアをネガティブに評価したときには、それは学生を潰してしまうほどの相当な効果を持ってしまうこともあります。

この無力感を伴う苦々しい体験に「ハラスメント」という名前をつける学生はごく一部で、自分のなかの違和感をもてあましたまま、「指導」を受け続け、場合によってはその違和感は心身の不調や休学・退学となって表れることにもなるのです。

セクハラや差別等の被害を受けた場合にも、とくに「アーツ」系の教員の知的な優位性は、学生の抗議を「それは定義がおかしい」「表現の自由をキミはどう考えるのかね」などと、理屈で容易に封じることを可能にします。いわば強い師弟関係や学問を通じた精神的なコントロール、「全人格的な支配」（湯川、二〇一二年）という、ディープなハラスメントが文系、「アーツ」系の領域では起こることがあります。

第2章 注

[1]大学などで、異なる学問分野の研究者が同じ組織に所属している場合には、サブカルチャーの違いゆえのすれちがいや的外れな非難、衝突という不幸な出来事がときどき起こります。文系同士でも起こるのですが、文系と理系との間ではそれがさらに極端なものになるようです。たとえば、私たちは文系の友人の研究者から、「研究報告会で報告したら、一ページ分、参考文献が書いてあったことを、「無駄にページを水増ししてごまかしている」と責められた」（多くの文系の分野では、参考文献がたくさん提示できることは、先行研究をきちんと踏まえた議論をしていることを示すことになります。参考文献がない報告レジュメの方が眉唾です）とか、インタビュー調査などの質的な研究の報告に対して、量的な数値データがないために、「エビデンスを出せ！」と責められたといった経験談を耳にしています。

[2]インパクト・ファクターは、それぞれの論文の引用度や重要度を示す指標にはなりえないので、インパクト・ファクターの指標を研究の評価の指標として重視する風潮には批判も多くあります。しかし現状として、一定値以上のインパクト・ファクターの学術雑誌に掲載された論文があることが学位論文提出の条件とされるなど、業績評価の目安として用いられています。

[3]"The mitochondrial Na^{+}/Ca^{2+} exchanger is essential for Ca^{2+} homeostasis and viability" Nature 545, 93-97 (04 May 2017) doi:10.1038/nature22082

[4]ＩＣＭＪＥ　Recommendations : Defining the Role of Authors and Contributor4

http://www.ICMJE.org/recommendations/browse/roler-and-esponsibilities/defining-the-role-of-authorsand-contributors.html

二〇一五年に日本医学会の日本医学雑誌編集者会議（ＪＡＭＪＥ）は、「医学雑誌編集ガイドライン」を発表し、オーサーシップ問題や利益相反などの倫理規範の策定などを盛り込んでいます。そのなかで「雑誌の内容を国際的な基準に従ったものとするために、投稿原稿のスタイルは医学雑誌編集者国際委員会ＩＣＭＪＥの Recommendations for the Conduct, Reporting, Editing, and Publication of Scholarly Work in Medical Journals の最新版に準拠することを投稿規程内に記載する」としています。

http://jams.med.or.jp/guideline/jamje_201503.pdf

[5] 東京大学・京都大学・大阪大学・東北大学・東京工業大学・九州大学・北海道大学・名古屋大学・広島大学・筑波大学・岡山大学・千葉大学・神戸大学・金沢大学・総合研究大学院大学

[6] この調査では、日本の研究中心の一五大学に所属する、医歯学部を除く自然科学系研究者の教員に対してアンケートを送付し、過去五年間で主要な業績を一つあげてもらい、それが三人以上の著者の論文である場合の九人目の著者までについて分析したところ、全著者三四九九人のうち、形式的にみればＩＣＭＪＥ基準以外の著者が八六・四％でした。詳しくは、Yukawa et al.（二〇一四年）及び、北仲・横山（二〇一六年）を参照してください。

[7] 講座制のほかには「学科目制」という類型があります。学科目制の場合、それぞれの教員に対して、指導を希望する学生が振り分けられます。各類型の組織の例を次頁に示します。

小講座制の場合（例:某大学薬学部）

【薬剤学研究室】	教授1、准教授1、助教1、院生、学部生、事務職員
【薬化学研究室】	教授1、准教授1、助教1、院生、学部生、事務職員
【薬理学研究室】	教授1、准教授1、助教1、院生、学部生、研究員、事務職員
【生命機能解析学研究室】	教授1、准教授1、助教2、院生、学部生、研究員、事務職員
【創薬合成化学研究室】	教授1、准教授1、院生、学部生、事務職員
【がん細胞生物学研究室】	教授1、准教授1、助教1、院生、学部生、研究員、事務職員

大講座制の場合（例:某大学理学部某学科）

【地球環境システム学講座】	教授、院生、学部生
	教授、院生、学部生
	准教授、院生、学部生
	事務職員
【地球化学講座】	教授、院生、学部生
	教授、院生、学部生
	准教授、院生、学部生
	准教授、院生、学部生
	講師、院生、学部生
	研究員
	事務職員
【地質・地球生物学講座】	教授、院生、学部生
	教授、院生、学部生
	准教授、院生、学部生
	准教授、院生、学部生
	講師、院生、学部生
	特任准教授、院生、学部生
	助教、院生、学部生
	事務職員
【地球惑星物理学講座】	教授、院生、学部生
	教授、院生、学部生
	准教授、院生、学部生
	准教授、院生、学部生
	助教、院生、学部生
	特任助教、院生、学部生
	研究員
	事務職員

学科目制の場合（例:某大学商学部）

【流通システム論】	A 教授、院生、学部生
【市場調査論】	B 教授、院生、学部生
【国際交通論】	C 准教授、院生、学部生
【損害保険論】	D 助教、院生、学部生
【金融論】	E 教授、院生、学部生
【コーポレート・ファイナンス】	F 教授、院生、学部生
【国際金融論】	G 教授、院生、学部生
【流通論】	H 講師、院生、学部生
【財務会計論】	I 教授、院生、学部生
【ビジネス数理論】	J 准教授、院生、学部生

〔8〕二〇〇五年の学校教育法改正で講座制や学科目制の区別は法制度上は存在しなくなりましたが、現在も研究中心の大学の、とくに自然科学系・医学歯学系の多くが、講座制的な運営を続けていると見られます（しかし実情はあまり明らかにはされていません）。大崎仁が指摘するように、学

校教育法改正にむけた審議会報告書では、大学が講座制・学科目制をとること自体は否定しておらず、それは大学の教員組織編成の自由の範囲にあるとされ、基準から抹消することの意味は、それが「代表的モデル」とはされないという意味にすぎないようです（大崎、二〇〇五年）。

二〇〇五年一月二四日中央教育審議会大学分科会、大学の教員組織の在り方に関する検討委員会〈審議のまとめ〉「3．講座制・学科目制等の教員組織の在り方について」
文部科学省ウェブサイト
http://www.mext.go.jp/b_menu/shingi/chukyo/chukyo4/houkoku/attach/1342431.htm

[9]「東京大学改革準備調査会報告書」、一九六九年、ＯＥＣＤ教育調査団、一九七六年

[10]猪飼周平（二〇〇〇年）は、「医局制度」を医局人事が生み出す社会構造のことを指すとし、医局制度とは、「医局的には、医局組織の構造であり、動態的には、医局が生み出すキャリア構造である」と言います。猪飼によると、「医局は、元来、病院の診療科組織やその詰所のことであるが」「第一に、医局制度における医局は、大学病院診療科組織と大学臨床系講座（教室）との統合体を含んでいる。これは通常、「医局講座制」といわれるものである」「第二に、医局の構成員である医局員の相当部分が、大学外の市中病院に公式の身分（常勤医）を有している。このことは、医局制度が医局講座制を部分として含んでいることを意味している。従来混同されがちだが、これら二つの制度は、成立時期も組織原理も異なっている」「大学外の医局員が、医局組織に帰属していると言い得るのは、彼らが、実質的に医局の人事統制下にあるからである。医局は、「関連病院」「派遣病院」などと呼ばれる市中病院の一般常勤医ポストに対して、いつどの医局員を就任させるかに

ついての事実上の決定権を持っている。この関連病院に対する支配力にもとづいて、医局は、大学外の医局員を人事的に統制しているのである」「医局は、講座（教室）という研究単位を含み、また若手医師の医療施設への配置に関するあらゆる権限をになっていることから、医局制度は、その全体的構造において、医局員の教育・研究・大学病院の運営・医局員の経済生活の保障といった日本の医療の中核をなす医療機能の多くを担っている」としています（猪飼、二〇〇〇年、二六九〜二七〇頁）。

[11] 猪飼は、論文のなかで「人事権は、最終的に教授に属しているが、人事の実務は、古参の医局員（講師・助手）である「医局長」が行っている。従来、この医局の人事に関しては、教授の絶対的・恣意的な権力に焦点が当てられがちであるが、後述のように、現在の医局人事は、相当程度パターン化されており、いたずらに教授の恣意的権力の強大さを強調するのは間違っている」と述べています（猪飼、二〇〇〇年、二七〇頁）。その指摘は正しいのだろうと思いますが、もし、教授や医局の中枢部が恣意的に使おうと思えば使える権力があり、それが納得できない形で行使されたときに、医局員がハラスメントと感じることはやはり起きると思います。

[12] 奈良県立医科大学ハラスメント事件（最判平成一四年一〇月一〇日『労働判例』八三九号五頁）

[13] 湯川は、矢澤・伊藤（二〇〇八年）の整理に依拠して、研究領域を「アーツ（arts）」的（文学、哲学など人文科学領域をはじめ社会科学系領域の一部）と「科学（science）」的（おおむね自然科学と一致）なものとに分けて考察しています。この分け方は一般的な学部や学問の分類とは必ずしも一致するものではありませんが、本書でアカデミック・ハラスメントや研究スタイル、教育指導

などの問題を考える際に使っている「理系」「文系」分類にも同じことが言え、理系学部のなかにもかなり哲学などに近いスタイルのものもありますし、看護学などは研究スタイルとしてはほぼ文系に近いものも多いのですが、文系に広く見られる研究指導の慣習や、研究成果の論文作成における慣習などは踏襲されておらず、また研究組織の在り方は教授の力の強い小講座制に近いものであるなど、簡単に二分できるものでもないとは思います。

文献一覧

・天野郁夫「変貌する大学の教員組織」『ＩＤＥ―現代の高等教育』四七一号（ＩＤＥ大学協会、二〇〇五年）
・サミュエル・コールマン『検証　なぜ日本の科学者は報われないのか』（文一総合出版、二〇〇二年）(S.Coleman,1999, Japanese Science: From the Inside, Psychology Press)
・榎木英介『嘘と絶望の生命科学』（文春新書、二〇一四年）
・榎木英介『医者ムラの真実』（ディスカヴァー・トゥエンティワン、二〇一三年）
・Laurence J. Hirsch, Mayo Clinic Proceedings,2009;84 (9) :811-821, Conflict of Interest,Authorship, and Disclosures in Industry-Related Scientific Publications: The Tort Bar and Editorial Oversight of Medical Journals
・猪飼周平「日本における医師のキャリア　医局制度における日本の医師卒後の構造分析」『季刊・社会保障研究』三六巻二号（国立社会保障・人口問題研究所、二〇〇〇年）

・海後宗臣・寺崎昌男『大学教育』（東京大学出版会、一九六九年）
・北仲千里「ハラスメントの被害と支援、そして大学に根を張るハラスメント」『現代思想』二〇一三年一一月号（青土社、二〇一三年）
・北仲千里、横山美栄子「科学論文における「不適切なオーサーシップ」調査に関する比較研究」『東北大学高度教養教育・学生支援機構紀要』第二号（二〇一六年）
・ＯＥＣＤ教育調査団、深代惇郎訳『日本の教育政策』（朝日選書、一九七六年）
・大崎仁「大学の職員組織を考える」『ＩＤＥ―現代の高等教育』四七一号（ＩＤＥ大学協会、二〇〇五年）
・東京大学改革準備調査会「東京大学改革準備調査会報告書　東京大学出版会東大問題資料３」（一九六九年）
・山崎茂明『科学者の発表倫理：不正のない論文発表を考える』（丸善出版、二〇一三年）
・山崎茂明『科学論文のミスコンダクト』（丸善出版、二〇一五年）
・Yayoi Yukawa, Chisato Kitanaka and Mieko Yokoyama, International Journal of Japanese Sociology 12016, 2014, Number 23. Authorship Practices in Multi-Authored Papers in the Natural Sciences at Japanese Universities
・湯川やよい『アカデミック・ハラスメントの社会学――学生の問題経験と「領域交錯」実践』（ハーベスト社、二〇一四年）

column

教育中心の大学でのハラスメント

本書では研究中心の大学でのハラスメントの話が中心になりますが、大学の数としては教育中心の大学が圧倒的多数を占めています。後者の主な構成員は学部生なので、当然、ハラスメントの特徴や傾向が前者とは異なります。とりわけ、「学級崩壊」している講義の場や、「マスプロ授業」(大教室での授業)が多い大規模な大学の場合は、その違いに注目する必要があるでしょう。

このような大学の教職員は、とにかく教室の秩序を保とうとして、学生に対してちょっと意地悪なやり方をしてしまうことがあります。たとえば、有無を言わせず出席番号順に座らせる、遅刻者は入れないように教室に鍵をかける、罰金を徴収する、学生の人格を貶めるようなひどい言い方で叱責するなどといったことが起こります。このとき、協力的でない受講生に対し教員の側も敵対的な態度をとることで、学生たちがその空気を嗅ぎとり、さらに不穏な空気になってしまいます。

また学生の側は、このような教職員の言動に対して不満があっても、「これはアカハラであり、自分の苦情は正当だ」と論証する力を持っていなかったり、どこに相談してよいかわからなかったりする場合も多いと思われます。あるいは学生が抗議したとしても、その講義担当の教員や他のスタッフがその抗議をきちんと受け止めないこともあるでしょう。

もちろん、これでは学生が不満や疑問を抱えたままになってしまうので、本来は丁寧に対応し、着地点を探るべきです。しかし、こうした大学において、アカハラとは何で、どのように解決すべきかという方針を立てることは簡単ではありません。今後も議論を重ね、対策を考えていく必要があるでしょう。

第3章
アカデミック・ハラスメントへの対応

第1節
ハラスメント相談員の役割

ここからは、アカハラの相談に対してどのようなスタンスで臨み、相談員として具体的にどのような対応をしていけばよいのかを考えていきます。

多くの相談者は、最初から「苦情申し立てをしたい」「調査をして相手を罰してもらいたい」などという明確な意志を持って相談に来るわけではありません。「このままで学業、研究が続けられるだろうか」という不安や、「今の状況をどうにか変えられないだろうか」という期待を持って相談室にやってきます。こんな相談者に対して、相談員はどのような姿勢で対応するべきでしょうか。

アカハラによる被害とは、「安全で良好な環境の下で学習し、研究する権利の侵害」です。ですから、相談対応の第一の目的は、「安心して教育を受け、研究できる環境を取り戻すこと」です。そして、できれば「無事学業を終え、卒業・修了できるように支援すること」、それがハラスメント相談対応の原則です。

多くの人はハラスメント相談窓口を「苦情申し立てをするところ、訴えるところ」もしくは「ハラスメントで傷ついた心のカウンセリングをしてもらうところ」と考えているようですが、苦情申し立てやカウンセリングという選択肢はあくまでも手段の一つに過ぎません。ハラスメント相談窓口とは、本来あるべき就学環境、研究環境を取り戻すための支援をするところなのです。そういう意味でハラスメント相談の対応は、ソーシャルワークという特質を持っていると言えます。

では、相談を受けたときに相談員が果たすべき役割について見ていきましょう。

被害の意味づけをする

相談に来る人たちは、「ハラスメントかどうかわからないけれど……」と自分の状況に疑問を持ちながらも、「ハラスメント」と主張することには躊躇している人がほとんどです。そんな相談者に対して、「それはハラスメントです」「それはハラスメントとは言えません」と相談員が客観的に判断することは、本当は難しいことです。相談者からの情報しかありませんし、双方から事情を聞いたとしても言い分は異なるでしょう。事実は一つでも行為の解釈は一つとは限らないのです。相談を受けた段階で、ハラスメントかどうかをはっきり決める必要はありません。

ですが、少なくとも相談者は、相手から受けた行為やそれを含む現在の環境で学業・研究を続けることに苦しみや悩みなどの困難を感じています。なぜこんな状況になったのか、それは自分が原因なのか、相手が悪いのか、それはハラスメントと言えるものなのか、どんな解決方法があるのか、相談室で何をしてもらえるのか……などといった迷いや不安を持って来るのです。

そんなとき、まず相談員がすべきことは、相談者が抱えている問題を整理して意味づけるという作業です。つまり、持ち込まれた事案の「被害」は何かということを具体的に明確にするということです。これは相談者と一緒に行います。回復するべき被害は何なのか、そのために何をすればよいのか、という解決策を考え、相談者と共有し、共通理解を持つ。これがまず第一にすることです。

注意点① まずは相談者の話を受容的に聴く

カウンセリングなどの専門的訓練を受けてきた人には、この「受容と傾聴」という原則は、自明のことかもしれません。しかし、大学のハラスメント相談員には、大学教員や職員が併任で任命され、相談対応に慣れていない人も少なくありません。相談員が教員である場合、学生の相談者に対してはつい指導するような態度をとりたくなることがあるでしょう。細かな事実関係を質したり、意見をしたくなったりすることもあると思います。しかしそれは最初の面談では避けましょう。

「相談」は「調査」とは異なります。「調査」とは中立公平な立場で双方の言い分や証人・証拠などから客観的に判断し、事実認定を行うことです。それに対して「相談」は中立性にこだわらず、相談者をサポートすることに重きがおかれます。ときには相談者の代弁（アドヴォカシー）をすることもあるのです。

経験的に言うと、最初に受容的に聴き、相談者がこれまでため込んでいた気持ちを吐き出してもらうと、その後の相談員との関係も良好になり、率直に話してもらいやすくなるように思います。

注意点② 相談者のおかれた客観的な状況を把握する

面談の際に、細かなできごとや相談者の心情を聞くことに終始して、肝心のハラスメントが起こっている環境についての基本的な情報を聞き忘れることがあります。とりわけアカハラの場合には、相手との関係性だけではなく、日常的な研究活動のスタイル、指導方法、研究室のメンバー構成、広さや部屋数などの物理的状況なども、被害を理解し、解決方法を考えるのに必要となります。つまり、相談者が今どんなハコ（状況）のなかにいるか、そのハコは閉じたハコなのか、開かれたハコなのか、ハコのなかには味方や敵がどれくらいいるか、そのハコから出ることができるのか、そうした客観的な情報が今後の方針を決めていく際に役に立ちます。

注意点③ 緊急対応の判断をする

最初の面談でもう一つ大切なことは、今すぐに対応しなければならない状況なのか、それとも時間をかけて話し合いながら対策を考えていけばよい状況なのか、という判断をすることです。「教授から明日実験データを持ってこいと言われているが、怖くて行けない」とか「指導教員から怒りのメールが何度も来ているがどう返信したらよいかわからない」というように、すぐに何らかの援助が必要な場合があります。相談者が次の面談までに安全に過ごせるかどうかを確認して、必要な援助をしなければなりません。

注意点④ 次の面談を設定する

初回相談の終了時には、次の面談を約束しておきましょう。ハラスメント被害について話すことができた相談者は、状況の理解のしかたや被害感情が変わってきます。相談室でできること、できないこともおぼろげながらわかるでしょう。次の面談までに、相談者に状況を再確認してもらい、場合によっては記録を作ってもらい、少し間をおいて再度面談をします。それまでに連絡をとる必要が出てくる場合もありますので、メールアドレス、電話番号など連絡先を聞いておき、連絡時のこちらの名乗り方なども確認しておきましょう。

そこから抜け出す方法を考える

相談者が抱えている問題が出揃ったら、緊急に対応するべき問題、時間をかけて対応するべき問題、絶対に譲れない問題などを整理し、優先順位をつけます。次に、それぞれの問題を解決するためにはどんな方法があるのかを一緒に考えます。

ハラスメント事案には相手（ハラスメントの行為者）が存在します。被害救済を考える場合には、その行為者への働きかけが必要になってきます。話を聞いて不安を和らげることも大切ですが、それだけでは解決には向かいません。相談者が相手からの行為を受けてうつ状態や適応障害などの何らかの精神的な不調をきたしている場合には、心理カウンセリングやメンタルケアは必要です。場合によっては医療機関の受診を勧めることもあります。しかし、ハラスメント被害相談は、心理カウンセリングだけで解決することは稀なのです。

相談者の考え方や気持ちが変わることで解決することもあるでしょうが、やはり根本的には相手がその行為をやめたり、相談者から離れたりしなければ、状況を変えるのは難しいと思います。ですからハラスメント相談の基本は、そのための働きかけをすること、すなわち行為者と相談者の関係に介入することだと言えるでしょう。

ハラスメント相談が心理相談やキャリア相談と異なるのは、そうしたソーシャルワーク的な側面を持っているということです。ハラスメント相談は、「ハラスメント行為によって困難な状況にある相談者に対して、その状況からできるだけ早く抜け出すことを目的に直接的に行う対人援助」なのです。その点からも、ハラスメント相談への対応はワンストップであることが望ましいと言えます。被害に遭った人が相談窓口にたどり着いた後も、他の窓口に回されたり、受けた行為や被害状況を何度も説明をさせられたりするというような事態は避け、その窓口で解決できるようにします。

注意点① 本人の自己決定が大前提

関係の所在をつきとめ、そのことにどのように対応するかを相談者と一緒に検討するとき、相談者が選ぶ方法よりも別の方法の方がよいと思われることがあります。方針を決めたあとや実際に動き出し始めてから「大ごとにしたくないので、相談はなかったことにしてほしい」と言う人もいます。しかし、それを決めるのは相談者本人です。もちろんよく話し合う必要はありますが、相談員が本人の意志や気持ちを無視して介入したり、無理に説得をしたりしてはいけません。相談員は、解決に至る多様な選択肢やそれに伴うリスクを丁寧に説明することが大切です。決めることができなければ、時間をかけて相談を継続していきます。

注意点②　相談の守秘の範囲を確認しておく

相談の秘密を守るということは、相談員としての基本です。ハラスメント相談では、相談内容が相談員だけに留まって終わることもありますが、介入することになれば、相談者や相談内容を関係者に知らせる必要が出てきます。相談したことがむやみに行為者や周囲に伝わると、うわさや報復などの二次被害の怖れも出てきます。相談者の個人情報、相談内容を誰にどこまで話しておくかということは、相談者本人と十分に打ち合わせをして了解を得ておく必要があるでしょう。

責任者に関係調整・環境調整の依頼をする

解決のための方針が決まったら、相談員はそれを相談者と共に実行に移します。

解決に向けた対応の選択肢については次節以降で詳しく述べますが、有効な対応手段を一つだけ挙げるならば、まずは職場や研究室の人間関係や研究環境の「調整」です。

たとえば、指導教員の問い詰めるような言動や長時間の叱責で学生がメンタル不調となって指導が受けられなくなったとします。学生は研究テーマを変えてでも卒業したいと思っています。そこで、相談員と話し合い、「指導教員を変更し、研究室も変えてもらう」という方針を立てます。しかしこの措置は、相談員が勝手に行うことはできません。学科長や学部長、専攻長や研究科長など所属部局の長の権限や、教授会での決定がなければ研究室の変更はできないのがふつうです。相談者にもどの先生のところに移りたいか、何をやりたいか（というより何がやれるか）などを考えておいてもらう一方で、相談員は相談者の状況や要望を所属部局の長に報告し、環境調整、つまり「このような状況なので、指導教員を○○先生に変更して、学生を移動させてください。その後の二次被害を防ぐために、加害教員とは関わらずにすむ教育環境を作ってください」と依頼することになります。

私たちはハラスメント相談の対応で、ここが最も重要なところだと考えています。両者の関係調整または教育環境の調整をそれなりの決定権を持った立場の人に依頼し、具体的な救済措置をとってもらうのです。

その際には、相談者の受けた被害への十分な理解が得られるように、相談員がしっかり説明することも必要になります。

私たちは、この調整を依頼する際に、できるだけ文書の形にして所属長に渡すことにしています（資料参照）。これには被害相談の内容、相談者の要望、相談員の所見などを書き込むのですが、事実関係を詳細に調べているわけではありません。そもそも行為者の言い分は聞いていません。何度も言うようですが、できごとは一つであっても相談者と行為者の受け止め方は異なるものなのです。それぞれに言い分はあるでしょう。事実関係の重要なポイントだけいくつか確認できればそれでよいと思います。細かな事実確認ができなくても、最終的には指導関係は解除して両者が関わらない状態にしたほうがよいということです。

このような措置は、行為者にとってもメリットがあります。このまま指導を続けて被害が拡大した場合、相談者に苦情申立をされる可能性が高くなるからです。そうなれば懲戒のリスクも出てきますから、その前に調整が行われた方がいいということです。調整であれば、懲戒に付されることもありません。強いて言えば、面子がつぶれるくらいのことでしょう。所属長から行為者に話をしてもらい、言い分も聞いた上で、双方の引き離しを行ってもらう。それだけで解決できることもあるのです。

このように相談員は相談者と管理監督者の間に入って、救済措置が取られるように相談者のアドヴォケイト（代弁）をし、働きかけをする役割を担っています。

解決するまで面談を継続する

関係調整や環境調整を所属長に依頼したら、それで終了ではありません。その後も、依頼したことが実行されているか、行為者から加害的な行為が続いていないか、相談者との面談を継続して確認することが大切です。相談員は、当初の目的である「安全な環境で教育研究を続けること」が達成できるまで見届けて、必要があれば引き続き介入して解決に導く役割を担っています。少なくともハラスメントの被害に遭わなければ保てたであろう環境を取り戻し、教育研究に安心して専念できるようにしなければなりません。ハラスメント相談対応がソーシャルワークであり、ワンストップであるということは、そういうことを意味しています。

第2節
解決までのステップ1「助言・情報提供」

相談窓口で相談者からアカハラ相談を受けてからの流れは、大きく分けて「助言・情報提供」「通知」「調整」「苦情申し立て」の四つのステップがあります。まず、そのステップ1「助言・情報提供」について、事例を挙げながら説明していきます。

相談者自身で解決を図る

ステップ1「助言・情報提供」は、相談者が受けているハラスメント行為に対して、自分自身で解決を図る段階です。相談者自身でその行為を避けたり、止めたり、それ以上拡大しないようにしたりするのです。相談員は必要な情報を提供したり、相談者自身で解決に至るための方法やその見通し、選択肢などについて助言します。

［事例1］相談員による助言

相談者は、大学院後期課程三年目の理系大学院生。研究が順調に進み、実験データもある程度まとめたので、研究室のセミナーで発表した。その後、同様の内容を学会誌へ投稿するために初稿を書き、指導教員にメールで送った。指導教員から、多忙なので論文はメールで送るようにと言われていたのでそうしたのだが、一カ月が経ち、投稿の締切が迫っても返信がない。

学会誌への投稿を逃すと学位論文の提出も遅れる可能性がある。せめて投稿をしてよいか、まだダメなのかという返事がほしいが、もともと指導教員はメールの返信が遅く、以前にも催促して不機嫌になられたことがあるので催促できないでいる。

［対応］

相談者の話から、指導教員には締切などの期限に無頓着な傾向があるが、相談者との指導関係は悪くなく、単に後回しになっていると思われた。ただ、ハラスメント相談に行ったことが知られると、今後の関係が悪くなる可能性もあった。そこで、学生自身で「投稿の締切が近づいているので、投稿の許可がほしい」とメールを送るように助言した。メールの文面についても一緒に考えて作成した。

［事例2］相談員による情報提供

相談者は大学院生。自分で作成した資料を元に研究室のセミナーで発表をしたところ、数カ月経って、先輩の大学院生の投稿論文にその資料がそのまま使われていたことがわかった。引用にも参考文献にも、相談者がその資料を作成したことは挙げられていなかった。論文そのものは先輩のオリジナルであることはわかっているが、苦労して作成した資料を一言の断りもなく使われたことについては納得できない。先輩のこうした行為は研究不正にあたるのではないかという疑念と、今後も同様のことが起こるのではないかという不安がある。

［対応］

相談員が研究不正に関する最近の動向について説明し、このケースは厳密な意味での研究不正（盗用）にはあたらないものの、研究活動上の不適切な行為、研究倫理に反する行為にあたる可能性はあるとの見解を伝えた。その上で、大学にある研究不正の通報窓口とそこでの手続きに関する情報を提供した。また、このような行為を防ぐ他の方法として、先輩を注意してもらえないかどうか指導教員に相談する、引用を明確にする追加修正をするよう先輩に直接申し入れをする、などの選択肢を示した。相談者は「よく考えて次の行動を決めたい」として、相談は終了した。

この段階では、相談内容や相談したこと自体を相談員以外が知ることはありません。相談者の了解がないまま、相談員が勝手に事情を聞いて回ったり、所属長に報告したりすると、噂が広がったり、行為者が知ることになったりして、新たな被害が生じることがあります。ハラスメント相談では、相談者は相談すること自体に対する不安を持っています。それには次のような理由があります。

二次被害への怖れ

一つは、自分が相手から受けている行為がハラスメントと言えるのか、それとも我慢するべき当然の行為なのかわからないという不安です。自分にも落ち度があったのではないか、という不安もあります。ハラスメント被害は、両者の言い分が異なるのが常であり、多くの場合、行為者の方が権力を持つ優位な立場にいます。相談者は相手からの攻撃的な言動を受けて、「自分にも落ち度があったのではないか」とか「相手の言い分を聞くと、相談員は自分の主張を信じなくなるのではないか」といった不安を持っています。

二つ目は、相談したこと自体を行為者に知られると、報復されるのではないかという不安です。ハラスメント被害は、見知らぬ他人ではなく、大学や職場で日常的に関わりのある人からの攻撃です。研究指導を行ったり、成績を評価したり、一緒に研究や仕事をする立場の人なのです。日常的に身近にいる人の行為について相談するのですから、行為者は決して快く思うはずはありませんし、相談に行ったということが耳に入れば、さらに行為がエスカレートするかもしれないのです。

したがって、この段階での相談は、あくまでも相談者と相談員との間で閉じたものとして扱い、相談の秘密を守ることが大切です。

ちなみにこれはＤＶ被害の構造とよく似ています。ＤＶ加害者は、その加害行為を外部に知られることを怖れていますから、たとえば妻が相談したことで親戚や警察がやってくると、その相手には聞き分けよく、神妙な様子で応対するでしょう。しかし家で二人だけになると憤慨してさらに暴力を振るうことがあります。そのためＤＶ被害者もこうした二次被害を怖れているのです。

第3節
解決までのステップ2「通知」
――行為者への注意・警告

ステップ1「助言・情報提供」では解決せず、やはり行為者への働きかけが必要となる場合をステップ2としましょう。「通知」はいくつかの大学が取り入れている「イエローカード」的な対応です。「あなたの行為で、相談者が苦しんでいます。その行為を控えて下さい」程度の注意から「相談者に対するあなたの行為は、ハラスメント行為にあたる可能性があります。すぐにやめなさい」までバリエーションはさまざまです。

手続きとしては、システムの違いなどから次の二つのパターンが考えられます。

通知パターン① 行為者に対する聴き取りを行った上で通知する

一つ目は、事実調査を行うパターンです。申立→委員会（または相談室）で対応を決定→行為者からの聴き取り（事実調査）→委員会で通知（注意・警告）を決定→行為者への通知というプロセスを踏みます。

このパターンには、大学から行為者に対する「警告」や「業務上の指導」という意味合いも含まれるため、行為者の言動が改善されなければ懲戒等の手続きに入ることも可能になるという利点があります。ただ、事実調査が前提となるので、最終的な通知に至るまでに時間がかかります。そのため、その間の当事者の関係調整が必要になるでしょう。

通知パターン②　簡単な事実確認だけをして通知する

二つ目は、本格的な調査は行わないというパターンです。この場合、相談→委員会（相談室）で対応を決定→行為者への通知というプロセスを踏むことになります。

相談者からの申立に基づいて「調整」を行うことを行為者に通知するだけなので、詳細な事実確認をして白黒をつけることはしません。行為者が事実関係を否定する場合もありますが、それでもよいと考えます。そのため、ここでの通知は「警告」というよりも、管理監督者である所属長への環境改善の「お願い」といったニュアンスになり、行為者に対する強制力は比較的弱くなります。しかし、今のような状態が続いた場合には本格的な調査に移行することを行為者にやんわりと伝えておくことで、「警告」に近い効果が期待できるでしょう。

だれが「通知」をするか

これらの「通知」には、どれほどの効果があるでしょうか。そもそもハラスメントの行為者は自分の行為がいかに相談者を苦しめているか、気づいていないことが多いのです。それが「よい指導」「正しい指導」だと思い込み、学生が苦しんだり悩んだりしている様子を、「成長するために越えるべきハードル」と思っていることもあります。そうした行為者に、まずそれがハラスメントとなる可能性があるということを知らせる必要があります。

たしかに、教育・指導には一定の負荷を与えて成長させる側面もあるのでしょう。しかし、その負荷で学生を潰してしまっては元も子もありません。負荷を与えるのであれば、学生を成長させる適切な負荷がどの程度のものなのかを教育者として知っておかなければならないのです。一方で「これくらいのことで潰れるような学生はそれまでだ。病気になっても退学してもしかたがない」と主張する教員もいます。おそらく、その人も同じような経験をして生き残ってきたのでしょう。その「成功体験」がハラスメント行為を正当化させています。しかし「できない、弱い学生は去れ」という考え方は、大学に進学する人が五人に一人程度だった一九七〇年代には通用したかもしれませんが、今はそうではありません。

大切なことは、いったん「うちの大学で教育します」と受け入れたからには、たとえ「できの悪い学生」だったとしても、「学生を育てて巣立たせる」という教育機関としての基本原則を忘れてはならないということなのです。

「通知」では形式的な注意ではなく、それによって行為者の行為が変わることを目指します。ですから「通知」を行う人は、教育的な態度で行為者に説諭ができる人が望ましいと言えます。手続き上は委員会の委員長や所属長が「通知」することになりますが、管理監督者としてというよりも、教育者の先輩として説諭するというスタンスで臨むのが効果的です。

通知を行う上で注意するべきこと

ここで注意していただきたいのは、「通知」はパターン①もパターン②も、相談者と行為者を引き離した上で行わなければならないということです。行為者による報復や形を変えたハラスメントなどの二次被害を防ぐためです。この引き離しが難しい場合には、相談員による継続的なモニタリングによって二次被害を防ぎます。きちんと指導が守られているか、被害学生は安全に学べているか、相談者・行為者双方と定期的に面談して確認します。

［事例3］通知（行為者への注意・説諭）

相談者は、同じ講義を受講している複数の学部生。その講義のなかで教員が特定の地域文化について差別的で貶めるような発言を繰り返すため、不快に感じている。

問題発言を録音したデータを持参して相談室を訪れた。教員の懲戒は望んでおらず、今後は二度とこのような発言をしないでほしいと思っている。

［対応］

この教員の所属長に説諭と指導を依頼した。所属長が教員から事情を聴くと、そのような発言をした事実は否定しなかったが、それが差別的な発言であることや学生に不快な思いをさせていることの自覚はなかった。そこで所属長が発言内容の問題性や学生の気持ちを説明し、今後このような発言はしないよう指導した。その後、相談員が受講学生と教員とそれぞれ面談し、指導が守られていることを確認した。

［ポイント］

当該教員は何度もこうした発言をしており、差別発言であるとの自覚がなかったので、また同じことを繰り返す可能性があった。説諭に対しても、「事実を言ったまで」などと若干の反論はあったが、所属長が学生の気持ちを丁寧に説明したことが奏功した。また、教員の言動が改善されているかどうか、その後も学生と教員本人からの聴き取りを通して確認したことにも抑止効果があったと思われる。

第4節 解決までのステップ3「調整」
――人間関係や環境の改善

ステップ2「通知」を行っても行為者に変化が見られないとき、あるいは「通知」とセットで当事者間に直接的な介入が必要なときに行われるのが、ステップ3「調整」です。具体的には、相談者と行為者を引き離し、上司や教員などによるモニタリングや当事者への定期的面談、行為者による謝罪のあっせんなどを行います。「通知」も「調整」の一部と位置づけることもできます。

相談者がどのような解決策を求めるかにもよりますが、私たちが行っている調整の事例を紹介しましょう。

調整パターン① 相談者と行為者の引き離し

調整として行うことが最も多いのは、当事者同士の引き離しです。ハラスメント被害では、行為者のハラスメント的言動で相談者がメンタル不調に陥ったり、その状況のままの指導関係や上司と部下の関係が続くと相談者の不利益が大きくなったりすることが考えられます。当事者同士の関係を絶てば、それ以上の被害はなくなり、相談者も安心して学習・研究に専念できる環境が整えられます。

しかし、たとえば指導教員によるアカハラによって、学生が教員と顔を合わせることもできなくなっている場合には、指導教員を換えるしかありません。その場合には、今までやってきた研究テーマも変えなければなりません。留年などの不利益も生じることもあるでしょう。

そこで相談員は、研究テーマは大きく変えないままでも指導できる他の教員や研究室を探したり、直接の実質的指導だけを同じ研究室の他の教員が行ったりする形にできないか「調整」するのです。理工系の研究室では、他の大学や研究機関に委託生として受け入れてもらうことで、加害教員から引き離すという方法もあります。重要なことは、行為者と相談者が直接、接触することを避けた環境を作り、弱い立場の相談者の不利益をできるだけ少なくすることです。これまで顔を合わせればひどいことを言われたりしてびくびくとした学生生活を送ってきた相談者の立場に立てば、行為者と二度と会わずにすむ環境がどれほど安心できるか、想像に難くありません。

一方、教員間のアカハラの場合、当事者同士の引き離しは学生より難しくなります。とくに教員・研究者は、事務職とは違って人事異動によって所属を変えるということが非常に困難です。

学部や研究機関といった所属を変えることはできなくても、物理的な引き離しは可能です。たとえば、日常的に顔を合わせなくて済むように別の居室を確保するとか、共同で使っていた実験室を時間を分けて使うというルールを決めるなどの方法が考えられます。あるいは、一時的な引き離しであれば、当面、どちらかが共同研究を行っている他の研究機関で研究を行ってもらう、ということでもよいかもしれません。国内留学、海外留学をさせるといった方法もあるでしょう。

調整パターン② 上司や同僚、相談員による監視（モニタリング）

前述のような当事者同士の引き離しが困難な場合、行為者に対して注意・警告を行った後、相談員や部局長や同僚教員がさらなるハラスメント行為が行われていないかを定期的にチェックする「モニタリング」という方法があります。

行為者への定期的な面談も効果があります。加害の自覚がない行為者は、自身がストレスに弱かったり、相手との距離感がつかめずに加害行為を再発させることがままあります。これまでの指導方法をなかなか変えられないのです。そこで、指導学生との関係や研究室運営の様子、行為者の悩み、愚痴などについて所属長や先輩教員が聞く機会を設けるのです。

なお、この「モニタリング」や定期的な面談には「保護観察」的な意味合いもあります。それでも加害行為がおさまらない場合には、次のステップの「苦情申立」に進むことになります。

［事例4］モニタリング

相談者は、情報系の研究室に所属する複数の学部生。教授が過大なノルマを課すため、研究室に長時間拘束されている。また学生たちには、教授が来る前に研究室に来て教授が帰るまで帰らないという慣習もあった。土日に教授から急に呼び出されることもたびたびある。そのため、学生たちは十分に休息を取ることができず、疲労やメンタル不調で休学する者も出た。

学生たちの要望は、コアタイム以外の時間管理は学生の自主性にまかせることと、少なくとも日曜日は呼び出しをしないでほしいというものだった。

［**対応**］

所属長から教授に対して「長時間、研究室に居させることは学生の心身の健康という点からもパフォーマンスという点からも望ましくない」ということを説明してもらい、相談員同席のもとで時間についてのルールを作成して学生たちにも示した。その後、所属長や講座内の他の教授らがときどき研究室を訪問して様子を聞いたり、相談員が適宜学生たちと面談したりして、ルールが守られていることを確認した。第三者の目が入るようになったことで、閉鎖的な環境から風通しのよい環境へと徐々に変わり、雰囲気もよくなっていった。

調整パターン③　行為者による謝罪

相談者のなかには、強い口調の叱責で大勢の前で恥をかかされたり、陰口をたたかれたりして精神的に傷つき、相手を許せないという気持ちを持つ人もいます。そうした相談者から、実質的な加害行為がなくなったあとでも行為者に「謝罪してほしい」という要望が出てくることがあります。

「謝罪」という行為は、自らの行為が相手を苦しめたという加害の認識と反省があって初めて成り立つものです。しかもそれは必ずしも強制できるものではありません。行為者の多くは、加害の自覚のない人、自覚はあっても加害行為を正当化してしまう人であることが多く、「謝罪をしませんか」「相談者はあなたの謝罪を求めています」と促しても、心から応じる人はあまりいません。上司やその人にとっての重要人物から謝罪を促されて応じる場合もありますが、加害の自覚や心からの反省ではない謝罪は、さらに相談者を傷つけてしまったり、逆上させたりして逆効果になることもあるのです。そのため私たちは、謝罪を求める相談者に「あまりお勧めしません」と言っています。

ただ、行為者が手紙や文書で謝罪の気持ちを伝えたいと言い、相談者も文書で謝罪してもらいたいと考えている場合には、謝罪文のやりとりをすることはあります。相談員や上司が、行為者と一緒に謝罪文を考えるプロセスも、行為者の矯正教育の一つといえるかもしれません。

調整パターン④ 当事者間での話し合いの援助（調停）

「調停」は、当事者同士での話し合いを相談員が援助して解決をはかるものです。当事者が教員同士で比較的対等な関係にある場合や、学生が修了間近で行為者との今後の関わりが限定的である場合、また、相手に要求することが明確で限定的である場合などに使える方法です。

手続としては、「相談→調停の中立→調停委員の選任→調停→成立」となります。

しかし、あくまでも双方の合意が得られることが条件です。一方の当事者や調停委員が合意を押しつけ、「調停」に持ち込むことはできません。ただ、「調停」を行えば、合意事項が文書化されるので、相手に守らせることがはっきりしますし、委員会や規則によって選ばれた調停役のもとで文書化されたものであれば一定の強制力もあると考えられます。これを規則に明示して制度化している大学は少ないですが、いくつかの大学では制度化されています。

［事例5］調停

相談者は、同じ研究室の教授と准教授。少し前から対立しはじめ、次第にお互い口もきかない関係になった。研究室の使用や研究費の配分についても対立するようになったためどちらも困っている。

［対応］

研究費の配分、研究室内の専有部分や図書の配置などについて、調停委員が双方から主張を聴き取り、取り決めの提案をした。何回かのやりとりの結果、合意でき

た項目を文書にし、双方が署名した。合意文書は所属長に報告、提出した。

調整や調停といった介入モデルによるハラスメント対応は、現在進行中の被害・不利益の拡大を防ぎ、良好な就学・就労環境の回復・改善を目的としていますが、行為者に対しての強制力は弱く、行為者が行為事実を認めない確信犯的な場合や、相談者からの処罰を求める訴えが強い場合には、効果は期待できません。そのような場合には次のステップの「苦情申立」や、学外での訴訟などの方法を考えたほうがよいでしょう。

次頁に、「調整」の協力を要請する文例を載せておきますので参考にしてください。

平成○○年○月○日

○○大学大学院○○研究科
研究科長　○○　○○先生

○○大学ハラスメント相談室
相談員　○○　○○

学生からのハラスメント相談への対応について(依頼)

このたび、当相談室に対し、貴研究科の複数の学生から、指導教員の教育指導上の言動について相談がありました。つきましては、本学ハラスメント防止規則に基づき、部局長による調整をお願いいたします。

1. 相談の概要

1)相談者: 博士課程前期1年 Tさん(平成○年4月入学)

2)行為者とされる者: ○○研究科○○専攻　教授　M先生

3)初回面談:平成○○年○月○日

2. 相談に至る経緯

Tさんは、平成○○年4月に他大学から本学大学院に進学し、現在○○研究科のM先生の研究室に所属して、指導を受けている。研究室には、学部2名、大学院生4名が所属している。

入学して最初の研究室でのゼミで、卒論研究を発表したが、その時に「思ったより能力が低いな」「○○大学はダメだね」などとバカにした発言で傷つけられ、落ち込んだ。その後、○月○日のゼミで、先輩の発表に関連して質問されたが、うまく答えられなかった。すると、「こんなこともわからないのか」と他の学生がいる前で怒鳴られた。その後も、テーマをまとめて指導を受けに行くと、ざっと見て「これではダメだ」というばかりで、後は説教に終始し、具体的なアドバイスはなかった。

だんだん教授と顔を合わせるのが苦痛になり、できるだけ接触を避けるようになった。先輩からアドバイスをもらいながら研究を続けていたが、不眠、吐き気、腹痛など体調不良が続き、朝起きられずに研究室を休むこともあった。今は○○クリニックに通院している。

1

〇月〇日、M先生からメールで研究室に来るように連絡があり、「研究が進んでいない」「やる気があるのか」など強い言葉で責められた。さらに「君は研究には向かない。すぐにでも大学を辞めたほうがいい。退学届を持ってこい」と言われた。仕方なく退学届は書いたが、M先生に印鑑をもらいに行くのも怖い。

3. 相談者の希望

1）退学はせずに、研究を続け、修士の学位を取って修了したいので、研究室・指導教員を変更してもらいたい。研究テーマは変わってもかまわない。

2）当該教員と日常的に接触せずにすむようにしてもらいたい。

4. 相談員の所見

今回の相談は、直接の指導教員であるM教授が、学生に対して個人の尊厳を傷つける発言を他の学生の前で行って、学生のメンタル不調を引き起こし、さらに退学を強要するなどの言動によって学生が安心して学ぶことのできる修学環境を悪化させているというものです。

相談内容が事実であれば、当該教員のこれらの言動は、指導教員としての教育的配慮に欠けるだけでなく、本学ハラスメント防止規則第〇条第〇項「アカデミック・ハラスメント」のうち、ガイドラインの「指導に従わない相手に暴言を吐いたり、意図的に無視したり、暴力的な行為に及ぶ等、相手の人格若しくは身体を傷つける行為を行うこと。」に該当する可能性があります。

当該教員の言動や学生との関係がすぐに改善されるとは考えにくく、学生のメンタル不調の悪化も懸念されますが、指導教員の変更によって修学の継続が可能となると思われます。

したがいまして、本学学生が安全で適切な環境で学業に専念できますよう、研究科長による調整等をお願いするのが望ましいと判断いたしました。

また、報復的言動等を防ぐ点からも、本文書は研究科長以外の教職員に開示されることのないようお願いいたしますとともに、相談者への二次被害の防止につきましてもご配慮いただきますようお願い申し上げます。

以上

2

第5節
解決までのステップ4「苦情申し立て」

ステップ3「調整」が不調に終わったり、最初から相談者の処罰感情（どうしても行為者を罰してほしいという気持ち）が大きかったりすると、「苦情申し立て」を行うことになります。苦情申し立てとは、申し立ての事実を調査し、規則に反するハラスメント行為があったかどうかの認定をして、必要があれば懲戒処分を求める手続きです。苦情申し立てが行われると、通常、調査委員会が立ち上げられて、事実調査に入ります。

この「苦情申し立て」はハラスメント相談対応の言わば「最後の手段」なのですが、ハラスメント相談対応とはすなわちこの段階のことだと思い込んでいる人が結構います。「ハラスメントの相談窓口に行くこと＝訴えて懲戒処分をしてもらうこと」と思われているようです。

たしかに大学によっては、もっぱらそのオプションしか持っていない大学もあります。

相談すると、訴えるのか訴えないのかの判断を迫られ、訴えるのであれば調査委員会の設置へ、そうでなければ相談員に話を聞いてもらって終了という二者択一しかないようなシステムです。このような相談対応システムでは、事実調査をした後、相談者の主張が認められて初めて、大学は被害救済にとりかかるということになってしまいます。白黒はっきりするまでは何もしない、できないという考え方です。しかし、被害救済と行為者処分は別のものと考えるべきです。大学としての、ハラスメント行為認定の有無にかかわらず、就学・就労環境を整えるという意味では、救済はすぐに行われなければなりません。苦情申し立てだけが解決手段となってしまうのは、環境改善への道を狭めることになりかねません。

とはいえ、苦情申し立ての手続きは、組織の秩序維持やリスク管理の面からも重要な意味があります。また、この段階まで来るような事案は、紛争性が高いケースであることが多いのです。訴訟など学外での争いにつながる可能性があることも考えておかなければなりません。

そうしたことをふまえてこのステップ4の手続や留意点について見ていきましょう。

［事例6－1］架空の申し立て事例をもとに説明していきます。

［事例6－1］申し立て

相談者は実験系の研究を行っている准教授。同じ研究室の教授からハラスメントを受け、調整などの対応も行ったがうまくいかず、申し立てに踏み切ることにした。申し立ての内容は以下の通り。

申立者：A研究室のT准教授
行為者：A研究室のP教授
申し立ての概要：
①A研究室は実験系の研究をやっている。P教授は三年前に他大学から着任した。T准教授とは研究テーマが異なっている。
②P教授は着任直後から、自分の研究テーマを手伝うように言い、T准教授の研究は別の空いた時間にやるようにと指示した。
③P教授は新しく配属された学生にもすべて自分の研究テーマを与え、Tには指導学生を配属しなかった。そのため、T准教授は自分の研究は一人で行わなければならなくなった。
④A研究室に配分される研究費もすべて教授が管理することになり、T准教授は

実験に必要な経費や学会出張もP教授の許可を得なければならなくなった。さらに「必要な研究費は自分で外部資金を獲得してまかなうように」とT准教授に言って、学会出張の旅費も認めなくなった。
⑤T准教授は困って、同専攻の他の教授に相談したところ、そのことがP教授に伝わり、呼び出されて強く叱責された上、早く他の大学に出るように言われた。その後も、他大学の公募情報をメールで送ってきては、応募するように指示した。
⑥T准教授は、不眠や食欲不振が続き、P教授と顔を合わせると動悸や吐き気などが起こるようになり体調を崩した。クリニックを受診したところ、「抑うつ状態」との診断があり、投薬治療を続けている。

事実調査の進め方

「事実調査」は、これまで述べてきた「通知」や「調整」とは異なり、行為者と中立者（相談者）の双方に対して、公平中立の立場で、申し立ての内容を確認することを目的としています。実際にどのような行為が行われ、その行為の結果どのような被害があったのか、客観的に事実を把握します。その結果、確認された行為が組織の規則に基づくハラスメント行為にあたるかどうかの判断を、組織として行うことになります。

調査に入る前に準備しておくこと

まず相談員は、相談者の申し立て内容をできるだけ詳細に明文化し、併せて相談者の希望（被害救済や環境改善など）を明確にしておきます。証拠となるようなメールや録音などの記録があれば、予め出しておいてもらって、申立書と併せて提出しておきます。

一方、調査をする側である大学の調査委員会やその担当者がすべきなのは、事情聴取の際の記録の扱いを事前に決めておくことです。具体的には、録音をして文字起こしをするのか、記録係が筆記するのか、その記録はどのように保管され、誰が閲覧できるようにするのかといったことです。また担当者は、誰に対してどんな点を聴取するのかをできるだけ詳細に決めておいたほうがよいでしょう。というのは、一人の人から何度も事情聴取をするのは、精神的にも時間的にも双方の負担になるからです。

このような事情もふまえて、事情聴取に入る前に、聴取の対象者には調査の目的やリスク、禁止事項、録音すること等を説明しておきましょう。

当事者双方からの聴き取りだけでなく、事務レベルで客観的に得られる情報があれば、必要に応じて取得しておきます。

調査期間中の当事者双方の避難的措置や調査の進行状況に関する情報提供などを考えて、学部長や研究科長などの所属長にはあらかじめ調査委員会の設置と調停スケジュールなどを知らせ、必要に応じて調査委員会との連携がとれるようにしておきましょう。

［事例6−2］申し立て

申立者には、P教授から送られたメール、教授から呼ばれた際のやりとりの録音記録、診断書を提出してもらった。調査委員会担当者から当該研究科に、過去三年間の配属学生数と研究テーマ、それぞれの研究費の使用状況がわかるものの提出を依頼した。調査委員会が設置されていることは、研究科長に知らせ、研究科長の指示で必要な情報を提出してもらった。

行為者に通知するとき

調査委員会が立ち上がり事実調査をすることになると、行為者に対して「あなたの言動についてハラスメントの苦情申し立てがなされました。ついては事情聴取を行います」という通知をしなければなりません。このとき注意を払わなければならないことがいくつかあります。

まずは、行為者として訴えられた人の心情を考えてみましょう。

多くの場合、行為者（とされた人）は自分の行為を加害行為だとは自覚していません。心のどこかで「まずいかな」と思ったことはあるかもしれませんが、多くは自分の行為を正当化しますし、訴えられるとは思っていない人がほとんどでしょう。調査委員会の通知は、行為者（とされた人）にとっておそらく「晴天の霹靂」と感じられるでしょう。

そんなとき、彼ないし彼女はどう振る舞うでしょうか。驚きや怒り、「これから自分はどうなるのか」「周りからどう思われるだろうか」という不安でいっぱいになるのではないでしょうか。もしかしたら、あんなことはやめておけばよかったという後悔の念にさいなまれるかもしれません。「裏切られた」とか「学生のくせに」と申立者に対する強い怒りを感じる人もいるでしょう。そんな負の感情のなかで、行為者（とされた人）のなかには自己防衛のために活発に動き出す人がいます。

たとえば、なぜ申し立てたのかと相談者に質そうとしたり、「誤解だ」と言い訳したり、申し立てを取り下げるよう説得するために申立者（相談者）に接触しようとすることがあります。

あるいは、不安や自己防衛から、訴えられたことを周囲に言いふらし、「陥れられた」「えん罪だ」「相手の方が悪い」などと相談者を非難し始めることもあります。周りに味方を増やしておきたいということなのかもしれません。

しかし、申立者（相談者）にとって、こうした行為者の行動は恐怖以外の何物でもありません。また、このような行為者の行為は、過去の加害行為以上の被害を申立者（相談者）にもたらすことがあります。相談者が被害を相談したり、訴えたりしたことから生じる被害を「二次被害」と言います。この二次被害は、いわば相談者の口を封じる脅しと同じ効果をもちます。勇気をふりしぼって相談し、申し立てもしたのに「相談するべきでなかった」「訴えない方がよかった」と相談者に思わせてしまうことは、ハラスメント相談対応のしくみを根底から覆すことになりかねません。

したがって、行為者（とされた人）に調査の通知をするときには、このような行為をしないようにしっかりと釘をさし、大学として二次被害を阻止する責任を果たさなければなりません。また、それだけではなく、行為者とされた人にも相談員をつけて、今後の調査のスケジュールや手続きなどについて情報提供をしたり、不安や怒りなどの感情をコントロールする援助をすることが望まれます。

行為者（とされた人）は孤独になりがちですし、極端な場合は自死の危険も考えられます。その点からも相談員（あるいはそれに類する役割を果たせる人）がそばにいることのメリットは大きいのです。

一方、申し立てた人（相談者）にも、行為者とされた人に通知する日時を知らせておいて、「暴れる」かもしれない状況に備えてもらうようにします。

調査期間中の配慮

大学内部で行われるハラスメントや研究不正に関する調査は、多くの場合、結論が出るまでに長い期間を要します。一週間や一カ月で終わることはほとんどなく、一年以上かかることも少なくありません。それはなぜでしょうか。

理由の一つは、調査委員会が学内のメンバーで設置されることが多いからです。調査委員が大学の執行部や教員を中心に構成されると、まずスケジュール調整が厳しくなります。調査委員が通常の業務の合間に調査を行う形になっていることが多く、日程調整から調査の準備、聴き取り、結論を得るための協議、報告書の作成まで、それぞれの作業に多くの時間を要します。

また、委員はこうした調査の専門家ではないので、何をどのように調査するかの共通認識を形成したり、どこを落としどころにするのかがわからなかったりして、時間がかかることもあります。

このようにして結論が出るまでに何カ月もかかっていると、その間に被害が拡大したり、相談者が何もできない無為な時間を過ごしたりすることになります。そうすると、調査期間が長期にわたることそのものが被害になってしまうのです。また、その間に行為者が退職して調査そのものや処分ができなくなることもあります。調査に正確さや慎重さを期することは大切ですが、関係者への聴き取りなどは短期間に集中して行うなどの工夫をするとともに、調査に期限を設けたり、途中で調査の方法を見直すことも必要だと思います。

ではこの間、当事者やその関係者はどうしたらよいのでしょうか。調査が終わるまではそのままで、というのは危険です。調査をスムーズに進めるためにも、その間の安全を確保するためにも、当事者は引き離しておくほうがよいでしょう。当事者がその間の教育研究をできるだけ滞りなく行えるように双方が予定を事前に申告し合い、偶発的な出会いがないようにあらかじめ取り決めをしておくことが大事です。

たとえば、当事者が指導教員と大学院生の場合には、代わりとなる指導教員を暫定的に充てたり、適当な人がいない場合には、指導のやりとりを所属長や相談員を介して行う、といったことなどです。

申立者だけでなく、行為者の指導を受けている他の学生たちにも、場合によっては事情を説明して代替教員を充てる必要がでてくるかもしれません。行為者に近い教員（たとえば同じ研究室の他の教員）への説明も必要でしょう。誰にどこまで事情を説明するかはケースバイケースです。行為の内容や関係性によってその都度判断していくしかありません。そのときの判断で大切なことは、二次被害を起こさないということです。

また、手続の透明性を確保するために、当事者にはできるだけ状況を密に知らせるようにしましょう。いつ行為者への事情聴取が行われるのか、いつごろ結論がでるのか、その間に学生生活や研究活動に支障はないかなど、相談員は適宜、当事者と面談をして二次被害・二次加害がないか、メンタル不調は起きていないかなどを確認します。

［事例6－3］申し立て

研究科長がP教授を呼び、調査委員会が設置されたこと、近々事情聴取があることを伝え、調査期間中は、①T准教授と接触しないこと（業務上の連絡の必要がある場合には、事務担当者を通じて行うこと）、②指導学生や他の教職員、研究上の関係者などに申し立てがあったことを吹聴しないこと、③この件についての相談員として、当該研究科のハラスメント対策委員である年配のK教授をつけることを通知した。

同様のことはT准教授にも伝えた。また、T准教授の相談員は、調査期間中、定期的に面談を設定して状況把握に努めることにした。

事情聴取の際の配慮

さて、次は当事者や関係者を呼んで、事情聴取を行います。調査を行う大学側にとっては気づきにくいことですが、聴取される人にとってみると、大勢に取り囲まれていろいろ聞かれるのは非常に緊張することですし、質問に悪意はなくても抑圧的に感じることも少なくありません。そうすると、肝心のことも聞き出せなくなります。聴き取りは、警察などの尋問ではありませんので、できるだけ穏やかな雰囲気のなかで行われるように配慮します。ですから、一人の聴き取りに対して七、八名の調査委員が取り囲んで(あるいは対峙して)話を聞くような形は好ましくありません。できるだけ少人数で聴き取る工夫や、当事者には相談員を同席させるなどの配慮があったほうがよいでしょう。聴き取り役が上手な人に任せてもよいかもしれません。

質問の方法も工夫をしましょう。申し立て内容を確認する際にも「はい・いいえ」で答えるのではなく、できるだけ自由に自分の言葉で説明してもらう方がよいのです。録音することや訴訟リスクなどの事前の説明は、事情聴取の前に予め相談員の方からしておいてもらったほうがよいと思います。聴取前に長々とした説明を受けると、当事者が緊張してしまうからです。

その場ですぐに答えられないことや、思い違いで誤って答えてしまったことがあっても、後から書面で追加や訂正ができるということも伝えておいた方がよいでしょう。

もう一つ重要なことは、当該ハラスメントの有無についての判断に必要なことだけを聴き取るのではなく、今後の双方の教育研究環境をどう改善するかということについても、当事者の希望や必要な情報を聴き取っておくことが大切です。苦情申し立てという段階にきた当事者は、おそらく元通りの関係に戻ることはできないでしょうから、その後の環境についても委員会として提言ができるようにしておきます。

［事例6－4］申し立て

事情聴取では、当事者の研究領域について理解のある他研究科の教授が中心となって聴き取りを行った。申立者であるT准教授は、P教授の人格的なことよりも、P教授着任後の自分の研究環境が大きく変わり、物的・人的資源の点で従来の自分の研究テーマを追究することができなくなったことを訴えた。一方、P教授は教授として研究室を主宰する責任と権限が教授にはあると主張した。研究費の使用を制限したことや転出を強要したことは認めなかった。

事実調査後の対応

調査が終了すると、調査委員会は上部委員会や学長、部局長などに調査結果を報告します。同時に当事者双方にも調査の結果が通知されることになります。申し立てのハラスメント行為があったかどうかの判断が示されるわけですが、その通知のしかたは、大学によってさまざまです。単に紙一枚で申し立ての行為認定の有無を知らせるだけの場合もあれば、一つ一つの行為の認定の有無とその根拠を細かに知らせる場合もあります。とくに申立者は行為者がどう主張し、それを調査委員会がどう判断したかを知りたいと思うものです。しかし、裁判の判決とは異なり、調査報告書全体を当事者にそのまま開示することはほとんどありません。情報開示請求などの形で報告書の内容を求めることもできますが、開示内容は限定的になることが多いようです。どの程度当事者に知らせるかはどこにも規定されておらず、議論の余地があるものと言えます。

大学によっては、調査の結果に対して当事者が不服申し立てをできる手続きを組み込んでいる場合もあります。その場合には、調査委員会に返され、再び審議されることになります。

結論が出るまでの期間

調査委員会の調査によってハラスメント行為があったと認定されれば、大学は行為者に対する懲戒などの手続きに入ります。国公立大学の教員の場合には、教育研究評議会など人事を決定する機関の審査会で審査されて、処分が決定します。しかし、処分が決まっても、二週間ほどの不服申し立ての期間があります。不服申し立てを行えばそれに対する審議も必要となります。それらを経てようやく懲戒処分が決まるというわけです。

多くの場合、ハラスメント行為の認定から処分が決定するまでの期間だけでも、臨時の会を開かない限り、二、三カ月を要します。すると、申し立てから懲戒決定まで早くても三カ月、通常では六カ月程度かかることになります。調査に時間がかかればそれ以上延びることもあります。大学というところは本当に意志決定に時間がかかるところです。

〔事例6-5〕申し立て

調査委員会はP教授の一部の行為についてハラスメント行為を認定した。すなわち、他の教授に相談したことを強く叱責したことや他大学への公募を繰り返し強要したことについてはハラスメント行為と認められ、懲戒審査にかけられた後、所定の手続を経て、戒告処分となった。一方、研究テーマの制限や学生配属の偏り、研究費使用の制限については、研究室の責任者として不適切な行為とみなされたものの、ハラスメント行為とまでは認められず、研究室運営の改善を研究科の責任で行うよう提案がなされた。

処分が決まったら――当事者への通知と処分の公表

処分が決まると、その結果を本人に通知します。同時に、国公立大学では「懲戒処分の公表基準」[※1]に基づいて処分の公表が行われます。私立大学には公表の義務はありませんから、公表するところもあれば、しないところもあるということになります。

公表の際に、何をどこまで公表するかというのは、結構悩ましい問題です。処分者の氏名や年齢、所属は、個人が特定されない範囲で公表され、加害内容についても詳細には公表しない場合もあります。

処分者の個人情報を保護するためでもあるのでしょうが、処分者の情報が公表されることで相談者が特定されることによる二次被害を防ぐための配慮という側面もあります。

しかし一方で、相談者の気持ちとしては、「できるだけ多くの情報を公表して多くの人に被害を知ってもらいたい」という場合もあります。最小限の公表では、学内のメンバーですら何があったのかわからないということもあります。これでは一罰百戒どころか、再発防止にもならないというわけです。

とくに重い懲戒処分にまで至るような調査では、調査委員も時間をかけて聴き取りをし、慎重に協議をしています。その苦労には本当に頭が下がる思いです。しかしその審議の結果は発表されることはなく、共有もされず、分厚い報告書を一部の委員だけが読んで、鍵のかかった書庫に入れられ、開けられることはないのです。

調査報告書をすべて公表することはできないことなのかもしれませんが、何が問題だと判断されたのかを所属部局や関係者が共有することは、再発防止という点でも重要だと思います。大学は調査委員会がかけた時間と労力をもっと生かすべきでしょう。また、調査結果の公表と共有をどこまで行うかということについては今後の一つの課題だと言えます。

［事例6-6］申し立て

調査結果とP教授の戒告処分を受けて、当該研究科では、研究科長と当該専攻の教授会のもとで具体的な研究室運営の改善方法について話し合いがなされた。その結果、今後はP教授とT准教授の基盤研究費をそれぞれが別に管理すること、T准教授がそれを自由に使えるようにすること、指導する学生は学生の希望に応じて配属することなどが決まった。また、T准教授の居室をP教授とは別の階に移すことで、日常的に接する機会が少なくなるようにした。

第6節

再発防止のための取り組み——経験から学ぶ

ハラスメント行為によって被害を受けるのは、当事者だけではありません。調整の段階でも、調査から懲戒処分に至る過程でも、多くの人が巻き込まれ、悩み、傷つきます。教育指導とは何か、研究をするとはどういうことか、大学組織はどうあるべきか等々、一つのハラスメント問題の背景にあるさまざまな問題に多くの人が直面するのです。ですから、この苦い経験を無駄にすることなく、よりよい教育環境、研究環境をつくって、二度とこのようなことが起こらないようにしたいというのが、巻き込まれた人たちの願いでしょう。

ほかにも被害が隠れていないかどうか調べる

再発防止のために具体的にすべきことは、まずは事件の分析です。報告書などをもとに、再発防止のためのワーキンググループ等が中心となって取り組みます。この機会に実態調査をやって、同様の被害や隠れた被害がないか、被害が生じる構造的な問題はないか等を把握することも必要です。この調査自体が啓発にもなります。

実際に起きた事例をもとに啓発・教育・研修をする

セクハラについては雇用機会均等法で「周知・啓発」が義務となっています。パワハラについても、厚労省が二〇一二年（平成二四年）三月に「職場のパワーハラスメントの予防・解決に向けた提言」を行い、この提言を周知し、対策が行われるようにさまざまな支援をしています。大学は単に高等教育機関であるだけでなく、職場でもあるわけですから、ハラスメントが人権侵害であることの周知・啓発をすることは義務と言っても過言ではありません。

とくにアカハラの行為者となりやすい教員を対象とした研修は、防止対策の基本と言えます。指導上の行為のどんなことがアカハラになるのか、共通理解を持つためにも、研修は必須だと言えます。

ところが、大学教員は教える立場には立つことはあっても、啓発の対象となることは嫌います。研修会を開いても研修を受けるべき（と周りが思う）人はなかなか出席しない、ということもあります。

研修の方法としては、事例をもとにしたディスカッションや、ロールプレイを取り入れたコミュニケーショントレーニング、研究室の運営方法について話し合うグループワークなどが考えられます。こちらが一方的に話すのではなく、細やかなテーマ設定をした上で工夫した方法で研修を進めると学習効果が高まります。

事件が起こったときこそ、研修を定例化したり参加を促したり義務化したりするよい機会なのです。事後の対応を丁寧に行うことで、相談者は、「被害経験は無駄ではなかった」「被害防止に役に立った」と感じることができます。このような取り組みは、単に再発を防止するだけでなく、相談者の回復にも役立つのです。

第3章　注

［1］「人事院：懲戒処分の公表指針について」（二〇〇三年一一月一〇日総参―七八六）（人事院事務総長発）の全文を記載しておきます。

「人事院では、この度、各府省等が懲戒処分の公表を行うに当たっての参考に供することを目的として、下記のとおり懲戒処分の公表指針を作成しました。各府省等におかれては、本指針を踏まえて、懲戒処分の適正な公表に努められるようお願いいたします。

本指針は懲戒処分の公表に係る原則的な取扱いを示したものであり、個別の事案に関し、当該事案の社会的影響、被処分者の職責等を勘案して公表対象、公表内容等について別途の取扱いをすべき場合があることに御留意ください。

記

1　公表対象

次のいずれかに該当する懲戒処分は、公表するものとする。

（1）職務遂行上の行為又はこれに関連する行為に係る懲戒処分

（2）職務に関連しない行為に係る懲戒処分のうち、免職又は停職である懲戒処分

2　公表内容

事案の概要、処分量定及び処分年月日並びに所属、役職段階等の被処分者の属性に関する情報を、個人が識別されない内容のものとすることを基本として公表するものとする。

３　公表の例外

被害者又はその関係者のプライバシー等の権利利益を侵害するおそれがある場合等１及び２によることが適当でないと認められる場合は、１及び２にかかわらず、公表内容の一部又は全部を公表しないことも差し支えないものとする。

４　公表時期

懲戒処分を行った後、速やかに公表するものとする。ただし、軽微な事案については、一定期間ごとに一括して公表することも差し支えないものとする。

５　公表方法

記者クラブ等への資料の提供その他適宜の方法によるものとする。」

出典：http://www.jinji.go.jp/kisoku/tsuuchi/12_choukai/1203000_H15sousan786.htm

column

弁護士を活用する

基本的には大学内部で起こったことは、学内手続きのなかで学内の状況をよく知る担当者が処理していくべきですが、案件によっては弁護士を活用した方がよい場合もあります。なぜかと言えば、ハラスメント相談をやっていると、学内の規則に基づいて対応できる範疇を超え、違法行為が疑われる加害やトラブルに出会うことがあるからです。また、弁護士に依頼することでその後のトラブルを抑制したり訴訟リスクを減らしたりできる効果もあります。ハラスメント相談室が弁護士に依頼できる事柄としては以下のことが考えられるでしょう。

・法的な観点からの助言（裁量労働制の下での研究者の長時間労働はどこまで許されるのか、プライバシーの侵害をどこまで問題にできるのかなど）
・難しい相談者への説明や行為者の説諭の場などへの同席
・事実調査での聴き取りのポイントのチェック
・訴訟にも耐えうるような調査報告書の作成

広島大学のハラスメント相談室では、外部相談員である弁護士のほか、大学の顧問弁護士、弁護士資格のある役職者に協力してもらっています。このような環境の実現は国立の総合大学だから可能なことであるとも言えますが、小規模の大学や私立大学でも、さまざまなケースに備えて弁護士を活用するという選択肢を極力確保しておいた方がいいでしょう。

ただしその際には、法的な知識を持った専門家に入ってもらうのは大学が訴えられたときに備えるためというよりも、紛争解決に向けた調停・調整のためであるという目的意識を共有することが大切です。

第4章

ハラスメントをなくすために大学が取り組むべきこと

第1節

大学という組織固有の難しさ

近年のさまざまなハラスメントや研究不正事件をきっかけに、これまでアカハラ対策に熱心に取り組んでこなかった大学もその防止対策に取り組むようになりました。それでも、「なぜ企業のようにトップダウンで対策を徹底できないのか」とか、「なぜすぐに行為者をクビにするなどの迅速な対処ができないのか」と私たちはよく尋ねられます。たしかに、研究不正の調査に何年もかかったり、学生を退学に追い込むような教員が文書注意程度のお咎めで終わったりするのを見ると、世間の感覚では生ぬるいように感じられるのかもしれません。

自治の原則が閉鎖性を生む

一般の企業とは異なり、大学ではトップダウンでの指示がなかなかできないという特質があります。そもそも多くの大学には、「自治の伝統」というものがあります。その「自治」とは何かと言うと、一つは国家権力など外部からの介入に対する自治です。二つ目には、「部局の自治」があります。これは各学部や専攻などで教育内容の決定や単位・学位の認定、教員の人事の決定などを行うことです。三つ目に、研究室ないし講座の自治があります。こうした「自治」の理念は、「学問の自由」を尊重する理念のもとに作り上げられてきたものですが、近年の大学改革や法改正によって、学長や理事会の権限が強化され、大学の自治は大きな変化の時期に来ています。

しかし、そうは言っても「大学の自治」という伝統は今も細部に生きています。中でも「部局の自治」という原則はハラスメント対策と対立する側面がありますが、セクハラ事案では部局内での「身内による調査」の弊害を避けるため、多くの大学で部局を超えた全学的な窓口や委員会の設置という英断が行われてきました。ところがそれがアカハラ事案である場合には全学的な窓口や調査委員会の設置が難しくなってくるのです。他の部局、他の学問分野の人たちでは、何がハラスメントにあたるかという判断や具体的な救済策の提示が困難なため、結局は当該部局にボールを投げ返さざるを得ないからです。

また、「他の研究室のやり方には互いに口を出さない」という「自治」の名を借りた慣習が、隣の研究室の「ブラック」なところを見過ごしてしまうことがあります。仮に気づいても

「他の研究室のやり方」ですからそれは放置されます。こうしたことから、大学の研究室は密室化しがちになります。

大学というところは、いわば独立した自営業者の集まりのようなものです。それぞれの学問分野で大切にされている価値観や「作法」の違い、つまりローカルルールが優先されてしまうところです。そのため、いくら上から学長や研究科長が命じても、黙って言うことを聞くということはなかなかありません。上意下達とはいかず、指示が現場に浸透していきにくいのです。商店街連合会の会長さんが各商店のやり方に口出しすることができないことにも似ているかもしれません。あるいは弁護士会と各弁護士との関係にも似ているかもしれません。弁護士一人一人に対し、弁護士会が依頼者にハラスメントしないようにさせたいと思っても、仕事のやり方は個々の弁護士に任されており、強制できません。弁護士会としてできることと言えば、研修会を企画して関心の高い弁護士に参加してもらうか、よほどひどい行為をしてしまった弁護士には会としての懲戒をするくらいしかないのです。

ハラスメントは大学のガバナンス問題

こうした大学組織の特質や研究者の考え方は、学問の自由という理念の下では否定されるべきものではありません。しかし、自らの行為が他者の学問の自由――良好な研究環境の下で研究する権利、安全な環境で教育を受ける権利を奪っているとしたら、どうでしょう。研究者には不当な権力に屈しない姿勢が必要ですが、同時に――望むかどうかにかかわらず――自身が権力を行使する側の存在でもあるという自覚も必要です。自らを顧みる姿勢や自浄作用が働く組織づくりを大学ではこれまで以上に考えていくことが必要なのではないでしょうか。

大学でハラスメントを防ぎ、実効性のある対策を立てるには、大学執行部、管理職の見識やリーダーシップと同時に、「下からの」ルール作りや、現場での合意形成、各部局の自浄のための努力が重要です。では、具体的にどうしたらよいか、見ていきましょう。

第2節

ハラスメントが起きにくい「体質」をつくる

ハラスメントが起こりやすい組織

ハラスメント案件が起こると、行為者の個人的な資質の問題と捉えられ、行為者を懲戒し排除することで解決したつもりになってしまうことがあります。しかし、それではモグラたたきと一緒で、根本的な防止策にはつながりません。

もともと、人と人の相互関係では、一つの行為に対する意味づけが双方で異なることは当然のことです。行為者はハラスメントのつもりでなくても、相手からはその行為をハラスメントだと受けとられる可能性はいくらでもあります。多様な価値観や特質を持った人たちがいるのですから、ハラスメントはどんな組織でも起こりうることだと言えるでしょう。

それでも、ハラスメントが起こりやすい組織というものがあります。そういう組織はハラスメントが起こったときに適切に対応することができず、状況をさらに悪化させてしまうという特徴があります。あくまでも私たちの相談員としての経験に基づくものですが、そうした組織の特徴をいくつかあげてみましょう。

・人権感覚の乏しい構成員が多く、心ない噂やいじめを容認する環境や慣習がある
・感情的になりやすい人、コミュニケーションが一方的な人が管理職にいる
・個人の生活を犠牲にしても成果が第一だという価値観を持つ人が多い
・労働時間、拘束時間が長く、ノルマがきつい
・人の異動が少なく、外部の目が入りにくい閉鎖的な環境がある
・子育てや介護中の職員、高齢者、非正規雇用など弱者への配慮がない

こうした組織の体質を変えるための特効薬はありません。組織のメンバーの多くが、常識的な人権意識とソーシャルスキルを持つことができれば、ハラスメントは起こりにくく、また、起こったとしても適切に対応できるものです。人権意識とソーシャルスキルは、言わば善玉菌のようなものです。悪玉菌はどこにでもいますが、善玉菌がいれば、悪玉菌の活動を抑えることができるのです。善玉菌を増やすことでハラスメントが起こりにくい組織の体質をつくることができます。

そのためには、まず大学のトップが「我が大学ではいかなるハラスメントも許さない」という方針を明確に伝えることです。学則や就業規則に明示するだけではなく、機会を捉えてそのメッセージを伝えます。また、「一罰百戒」という言葉があるように、ハラスメント行為が確認されたときには、厳しい態度で臨むことを実際に示すことも必要でしょう。「これくらいやっても許される」と思わせてはいけません。

次に、組織の構成員に、「ハラスメントは人権侵害であり、学生の学習する権利、労働者の働く権利を侵害する行為だ」という共通認識をしっかりと持ってもらうことです。ハラスメント防止研修はそのためにあります。テーマを工夫し、多様な形式で定期的に行いましょう。

さらに一歩進んで、学部や学科、研究科や専攻レベルで、ローカルルールの見直しを行ったり、定期的に実態調査を実施して、被害実態や学生の声を把握し、教育実践・学生指導にフィードバックする体制をつくったりするところまで取り組めると理想的です。

これらのことは、一部の教員や執行部だけでなく、准教授や助教、できれば学生も巻き込んで、自由に意見交換をして合意形成ができるようにしたいものです。前にも述べたように、大学という組織は、学問の自由という価値観を共有する人たちの集まりで、そこでは自由や平等が保障されているという建前があります。しかし、実態は必ずしもそうではありません。権力関係が複雑で、一般社会や企業などよりも見えにくい抑圧的な構造があることはこれまでも説明してきたとおりです。ですから、立場を超えた自由な意見交換という合意形成にいたるプロセスそのものが、もしかしたら一番大切で、難しいことかもしれません。

アクセスしやすい相談窓口

「相談窓口を作っても一度も相談がない。だからうちの大学にはハラスメントはない」という声を聞くことがあります。相談窓口をつくっても相談が来ないのは、ハラスメントがないのではなく、相談窓口をはじめとした相談体制そのものが信頼されていないと考えるべきです。

「ハラスメントのことで相談にいくこと」は、ハラスメントに悩む人にとっては実は非常に敷居の高いことです。ハラスメントを受けても「大したことはない」「こんなに先生から厳しく言われるのは、私の努力が足りないからだ」「私が我慢して言うとおりにすれば、先生は態度を変えてくれる」などと思っているうちに、だんだん事態が悪化していって、どうしようもない膠着状態になっていきます。ですから、早めに相談に来てもらうことが被害の小さいうちに解決するための第一歩です。

被害に遭った人は「相談に行ったらそのあとどうなるの」「相談員は自分の言い分より相手の言い分を聞くのでは」「自分の方が責められるのでは」「相談したことがみんなに知られてしまうかも」等々、多くの不安を抱えています。ですから、相談室はいつ行ってもいいし、訴えるつもりでなくても、話を聞いてもらうだけでもよい、そういうところだという認識を浸透させること、そのために解決までのプロセスを理解してもらうことが大切です。

スキルのある専任の相談員をおく

相談員は、相談者が奪われた良好な教育環境を改善するために、関係部署や関係者との連携や仲介、関係調整などの役割を果たします。そのためには、それがセクハラであれアカハラであれ、「ケースの見たて＝問題の構造を理解し、支援の方針を立てること」ができなければなりません。つまり、どのようなプロセスを経れば相談者の本来の教育研究環境を取り戻すことができるか、相談者の希望にどこまで応えられるか、そのためにはどこの誰に働きかけ、その人にどういった役割を果たしてもらうか、そういったことについて見通しを立て、方針を決め、実際に介入していかなければならないのです。

相談員がそうした役割を果たすためには、大学という組織の仕組みをはじめとして、研究とは何か、適切な教育指導とは何か、といった本質的なことを熟知し、一定のソーシャルワークのスキルとカウンセリングマインドを持っていることが求められます。また、相談員は講義やゼミ、事務的な仕事などの他の業務にはつかずにハラスメント相談の専任であることが望ましいことも強調しておきたいと思います。多くの大学では、教員が相談員を兼ねるタイプの相談体制をとっているからです。こうした体制になるのは、学生が相談しやすいようにとチューター的な役割を持っている教員に相談員の役割も担ってもらおうという意図があるからでしょう。しかし単に順番で併任相談員を決めているところもあるかもしれません。任期も一、二年という大学が多いようです。これでは相談員としてのスキルは向上しません。

また、「学生相談」という枠組みでハラスメント相談を受ける体制を作っている大学では、心理カウンセラーがハラスメント相談を受けることがあります。その場合には、心理カウンセリングだけで終わらせずに、「調整」などのソーシャルワーク的な対応も行えるようにしておく必要があります。ハラスメント相談は、相談室のなかだけで問題が解決することは少ないからです。

学生課などの学生支援担当の事務職員が相談窓口になっている大学はどうでしょうか。大学によっては事務職員と教員との間に上下関係が見られることがあります。事務職員を部下のように扱う大学教員は少なくありません。事務職員が相談対応をする場合には、通知や調整などの加害教員への働きかけがうまくいくような仕組みを併せてつくらなければ、加害行為を抑えることは難しくなります。ハラスメント行為は自分が持っている権力を濫用することですから、相談員もまた攻撃の対象となることがあるのです。ですから、相談員に一定の権限を与える規則をつくるなどして相談員を守る体制をつくっておくことが大切です。

いずれにしても、専任の相談員をおくことが難しい場合には、相談員を対象とした研修を行なったり、ケース検討会を行ったりして、相談員のスキルアップを図ることが肝要です。教員や職員のなかから選出される形の相談員の場合、相談の素人だからと戸惑う人も多いと思います。それでも、基本的な研修に加えて、ケース検討、スーパービジョン（専門家から個別に指導を受けて不足している能力等を指摘してもらう教育方法）などを繰り返すことで、相談員としてのスキルは向上していくものです。大学はこのような相談員の研修の機会を充実させてほしいと思います。

大学間の環境の格差

大学のハラスメント対策には大学によってかなりばらつきがあるのが現状です。「私学の教育中心の大学は学生一人一人についてきちんと目配りができていて、さまざまな面でサポートも充実しているが、研究中心の大学は「できないやつは去れ」という考え方が教員のなかにある」という指摘がある一方で、「学生一人当たりの教員数が国公立大学は格段に多いので、国公立大学の方がきめ細かな対応ができる」と言われることもあります。

たしかに国公立大学には、保健管理センターの医師、学生相談室のカウンセラーなどが配置されているのがふつうです。それに対して私立大学の場合は、相談窓口が充実しているところと、そうではないところ（たとえば専用の面談室がないとか、非常勤のカウンセラーが月に何回か来るだけとか）など大学の格差が大きいようです。とりわけ小規模な私立大学や専門学校では、ハラスメントの規程、相談窓口、相談員や教員に対する研修などが十分ではない傾向にあります。そうした大学でハラスメントが起きて、大学内での解決が期待できそうにない場合は、外部のＮＰＯやユニオン、弁護士などに相談し、被害回復を求めることになります。

近年、文部科学省による大学の評価や国際的なランキングが話題になることが増え、よりよいポジションを獲得するために大学も試行錯誤していますが、快適な学習環境・職場環境を維持するためのハラスメント対策がどれくらい充実しているかという観点からも大学を評価していただきたいものです。

第3節
研究不正にかかわるハラスメントにどう取り組むか

研究不正とハラスメントの関係

第2章でも触れたように、ある種の研究不正とアカハラは不可分の関係にあると私たちは考えています。面識のない研究者の著作を盗用するようなケースでもないかぎり、研究不正が単独で起こることは稀だと思うのです。複数の研究者や学生が関わる研究に不正が起きるとき、そこにはハラスメントが背景にあるものです。また研究不正を研究者が主体的に行っていないつもりでも、結果として不正に巻き込まれることがあります。そのこと自体がアカハラ被害だと言うこともできるのです。

次の事例から考えてみましょう。

［事例7］

相談者は、大学院生。所属している研究室は先端的な研究に取り組んでいて研究メンバーも多く、誰もが毎日深夜まで残って実験している。そのなかで相談者は委託研究の一部を担当するように言われていたが、実験はなかなか進まなかった。毎日夕方には実験データを持って報告に行くきまりがあるが、教授が求めるようなデータが出なかった日は、二、三時間厳しい言葉で問い詰められる。その際、実験に役立つアドバイスではなく精神論を長々と聞かされることもある。次第に、報告の時間が近づくと緊張が高まるようになった。どうすれば怒られないかということで頭がいっぱいになり、ついには先生が期待するデータに改ざんすることまで考えるようになった。ここまできて危険を感じたので、研究室を離れる決心をした。

この事例は、長時間の労働や拘束で十分な休息が取れないところに、問い詰めや厳しい叱責が重なったためにメンタル不調に陥り、まともな判断ができなくなってしまって、研究不正、それもデータの改ざんにあたる行為をしそうになったというものです。教授の行為がハラスメントと認定されるかどうかはこの文章だけでは判断できませんが、少なくともこの教授の研究室には、研究不正を生み出す土壌のような構造的で危険な雰囲気があることが見てとれます。

二〇一四年に世間を大きく騒がせた東京大学分子細胞生物学研究所の加藤研究室における論文不正事件は、研究不正の背景にあるハラスメント的な研究環境を示す典型例だと言えるでしょう。東大が公表した調査報告書には、不正行為が発生した要因・背景として「国際的に著名な学術雑誌への論文掲載を過度に重視し、そのためのストーリーに合った実験結果を求める姿勢」や「杜撰なデータ確認、実験データの取扱い等に関する不適切な指導、（中略）実施困難なスケジュールの設定、学生等への強圧的な指示・指導が長期にわたって常態化」していたこと、さらには「不正行為に関わった者の多くは、大学院学生の頃から加藤氏が指導してきた者たちで、加藤氏に従順であり、過大な要求や期待に対し、それを拒否するどころか、無理をしても応えるしかないといった意識を持つような環境が存在していた」ということが指摘されています。ある種のカルト的環境のなかで、学生たちが研究不正に巻き込まれていった様子がうかがえます。研究室に所属した学生のうち三名は、その後学位が取り消されました。学生たちが何年もかけて行った実験、そこに費やした時間、研究者としての将来、それらのすべてが無に帰したことになります。

研究費の不正使用でも、学生をTAやRAとして雇いながら、働いた時間を不正に報告させ、報酬を指導教員や研究室にキックバックさせたり、カラ出張の書類を書かせたりする事例があります。このことが発覚すれば、教員だけでなく学生も懲戒の対象となるのです。こうした研究不正の事案は、研究倫理の欠如した学生個人の責任なのでしょうか。あるいは学生への研究倫理教育が不十分だったから起こったことなのでしょうか。

これまで見てきたように、研究者の卵である学生たちが、指導教員の不正な指示に対してノーと言うのは大変難しいことです。研究不正に関わらざるを得なくなるのは、密室化した研究室のなかで、学生の将来を左右する力を持つ指導教員の不当な権力行使の結果であり、これこそがアカハラそのものなのです。

文科省は、こうした研究不正事件を防ぐために、研究倫理教育の強化を各大学に求めています。現在の多くの大学では、研究不正の窓口とハラスメント相談の窓口は別ですし、対応の仕方も違います。研究不正の通報窓口は、基本的に特定研究不正行為（捏造（Fabrication）・改ざん（Falsification）・盗用（Plagiarism）にあたるもののみを受け付けることになっていて、その特定研究不正行為が起こった後の「告発」「調査」「処分」という対応を基本的な枠組みとして対策が進められています。

しかしこの対策では、今まさに起きている研究不正、その萌芽としてのハラスメントには対応できません。不適切なオーサーシップや二重投稿、危険な実験の強制や研究成果の搾取など、「特定不正行為」とまでは言えなくとも研究倫理には反する行為がありますが、これらの行為に対する対策はとられているでしょうか。現状では、せいぜい各大学での研究倫理教育を義務化した程度です。不正行為を生みやすい体制を改善したり、不正行為によって生じた不利益に対応したりするところまではできていません。

たとえば、「時間をかけて実験や調査をして得たデータを、いつのまにか指導教授や先輩研究者に使われて、論文にされ、本人は著者にも謝辞にも入れられなかった」などというケースはどうすればよいでしょう。現行の研究不正通報申立のシステムを使っても、これが研究不正行為と認められることはほとんどありません。泣き寝入りをするか、そこから去っていくしかないのです。

英米では、研究不正の監視・防止のための大学から独立した第三者機関が設置されています。日本でもこのような取り組みがやはり必要ではないでしょうか。

また大学内部では、大きな不正事案となるのを未然に防ぎ、研究倫理違反についても対応できるようにするために、研究不正の対策を学内のハラスメント相談対応と一本化し、「介入モデル」を組み込んだ制度を構築する必要があると考えています。

具体的には、論文投稿や学会発表など研究成果の発表に至るまでの間に助言を受けたり、調停や関係調整をしたりすることができれば、大きな不正問題となることを回避できるでしょうし、可視化しにくい研究上の被害や不利益を生じないようにすることもできるでしょう。

研究不正の起こりにくい土壌をつくる

ハラスメント相談に長く関わってきた私たちからすると、過去に起こったこと今起きていることへの対応だけでなく、研究不正が起こりにくい土壌をつくることが重要だと思えます。そのための前提として、研究倫理教育を研究者個人や研究室の慣習に依存せず、グローバルスタンダードに則って徹底することです。これは現在、文科省が推奨していることでもあります。その上で、年齢や地位の上下、性別・民族などにかかわらず、対等なディスカッションができる人間関係や風通しのよい研究室運営をしていくことが大切です。

大学院生や若い研究者は対等なディスカッションのできる研究室で、大学教員としての教育指導の方法や研究者としての姿勢を学びます。湯川・北仲・横山が研究者に行ったインタビュー調査や前述の東大の調査報告でも、院生時代の指導教員との関係や指導のあり方、研究室の雰囲気が、その後の研究者生活のモデルとなっていることがわかります。また、研究室レベルでは難しいかもしれませんが、学問分野の作法の違いや独特のルールを見直す試みを、専攻や研究科、専門分野の学会などで取り組んでいくことも大切だと思います。

ローカルルールを超えて

大学という特殊な領域で起こるアカハラの背景には、学問領域特有のサブカルチャーと権力構造があります。しかし、そのことを考慮に入れても、そこで学び研究する学生や研究者の基本的な権利が守られてこそ、教育機関、研究機関としての質が保証され、学問的誠実性が保たれるのです。

大学改革と大学の国際化が進められるなかで、グローバルスタンダードに耐えうるような、学生の学び研究する権利とその保障、研究する者・教育・指導する者としての責任と義務という高等教育機関・研究機関としての理念を再確認し、それを根付かせることが、今こそ大学と研究者に求められていると言えるでしょう。

column

外部相談のメリットとデメリット

スキルのある専門の相談員を置くことが難しい場合、大学の外部から定期的に相談員に来てもらう方法をとっている大学もあります。セクハラの相談では、学外から、ジェンダーやセクシュアリティ問題に造詣の深い人、相談支援の経験のある人や民間の機関と契約する方法もとられてきました。性被害の構造の理解や心理的サポートが重視されたからです。また、学内の相談員では人間関係や利害関係があって話しにくい、大学内部の対応は信頼できないと考える人たちのための方策という側面もありました。

アカハラの場合にも外部相談員を置くことには同様のメリットがあるでしょう。しかし、外部相談員では、大学の組織、教育研究のあり方、学問領域の特質などを理解して調整・救済などの介入をすることが難しくなるというデメリットもあります。そのデメリットを補うには、あらかじめ大学内部に具体的な対応・介入の中心となる人を置いて、その担当者と外部相談員との連携が途切れないようにする仕組みを用意しておく必要があるでしょう。

また、電話相談を請け負う外部機関にハラスメント相談を委託する方法をとっている大学もあります。相談窓口のみを外部委託する場合には、いくつかの注意が必要です。その機関が、単に相談者の悩みの傾聴やそれに対する情報提供しかできないのであれば相談はそこで終わります。これが複数ある相談窓口の一つであれば、それなりの意味があるでしょう。しかし、解決に導くための調整や苦情申し立てを求めるケースの場合には、結局は本来の相談対応システムによって学内の人間が直接介入し、支援しなければならなくなります。

とくに外部相談窓口を置く場合には、「相談内容の守秘」に留意しなければなりません。相談したことが予期せずして行為者側に知られると、状況がより悪化したり、問題がこじれたりしてしまうからです。外部相談窓口は内部のどの機関にどこまで詳細に相談内容を報告するのか、その報告はどのような手順で行うのか、などの点を事前に明確にしておきましょう。

アカデミック・ハラスメントに関する資料

大学院生の教育・研究環境に関するアンケート調査

〈〈調査ご協力のお願い〉〉

この調査は、平成〇〇年〇月〇日現在、〇〇大学大学院に在籍するすべての院生を対象に、大学院生の教育・研究環境（ハラスメントを含む）についてうかがい、快適で安心安全な教育・研究環境をつくるために役立てることを目的としています。

アンケートの結果は、すべて統計的な処理を行いますので、集計結果から個人名や講座名が特定されることは全くありません。すべての質問に無理にお答えいただく必要はありません。質問によっては、「答えたくない」という回答も設けてあります。いずれにしても、院生全員の意識や実態を正確に把握するため、必ず回答・返送ください。

調査結果は、防止対策委員会として報告書を作成し、本学の教育・研究環境の改善のために活用します。

研究活動でお忙しいとは存じますが、ぜひ本調査へのご協力をお願いいたします。

調査責任者　〇〇大学ハラスメント防止対策委員会
委員長　〇〇〇〇

〈〈回答上の注意〉〉

- 質問は、質問１から質問６まであります。質問文をよく読み、各々の回答方法にしたがってお答えください。
- 回答が終わったら、このアンケート用紙を同封の返信用封筒に入れ封をし、名前を書かず、切手を貼らずに、**平成〇〇年〇月〇日まで**に郵便ポストに投函してください。
- あなたが回答したアンケート用紙は、ハラスメント相談室以外の教員の目に触れることは決してありませんので、安心して回答してください。
- この調査について、不明な点やご質問などがありましたら、下記へご連絡ください。

【問い合わせ先】
〇〇大学ハラスメント防止対策委員会事務局
E-mail：×××@@××.ac.jp
Tel:〇〇-〇〇-〇〇〇〇

1

あなたの研究室またはゼミのことをおうかがいします。

これ以降『研究室またはゼミ』とは、あなたの指導教員を中心とする教員と院生・学生の最小単位の集団のことです。研究室やゼミに所属する形になっていない研究科の院生の場合は、もっとも身近な教員や院生との関係を思い浮かべて回答してください。

質問1 あなたが、現在所属する研究室またはゼミの雰囲気をどう感じているかをお答えください。
次の①～⑩の文章について、1 から 4 のうちもっともよくあてはまると思う番号を 1 つ○で囲んでください。

	全く思わない	あまり思わない	やや思う	非常に思う
① 指導教員（または研究室やゼミの教員）を中心によくまとまっている	1	2	3	4
② メンバーの性別・年齢・立場にかかわりなく、一人ひとりの意見が尊重されている	1	2	3	4
③ 指導教員（または研究室やゼミの教員）や先輩に対して、批判や異議を自由に言える	1	2	3	4
④ 人との和が重んじられている	1	2	3	4
⑤ 指導教員（または研究室やゼミの教員）に、研究・進路・生活のことを気軽に相談できる	1	2	3	4
⑥ 男性が中心的な役割を果たし、女性はそれを補助するのがよいという雰囲気がある（女性がいない場合、もしいたらどうか想像して答えてください）	1	2	3	4
⑦ 研究室やゼミ内では、先輩と後輩の上下関係が厳しい	1	2	3	4
⑧ 研究室やゼミ内では、研究成果が最優先に求められるため、院生は忙しい	1	2	3	4
⑨ 他の研究室とは交流せず、互いに干渉しないという雰囲気がある	1	2	3	4
⑩ これまでの慣例や暗黙のルールに従わざるを得ない雰囲気がある	1	2	3	4

2

教員や他の院生との間での体験についておうかがいします

質問 2 あなたは、現在の大学院生活で、教員や他の院生との間で次のような体験をしたことがありますか。もしあれば、それはどの程度不快でしたか。①〜⑮までの文章で、体験の頻度について 1 から 3 のうちあてはまる番号を○で囲んでください。1 か 2 と答えた人は、その不快の程度について 1 から 3 までのうちあてはまる番号を○で囲んでください。なお、答えたくない文章があれば、飛ばして次の文章に進んでください。

	体験の頻度			不快の程度		
	しばしばあった	時々あった	全くなかった	かなり不快だった	少し不快だった	不快ではなかった
① 教員や他の院生に、お茶くみや掃除などを押し付けられた	1	2	3	1	2	3
② 教員や他の院生に、こなしきれないほどの作業課題を与えられた	1	2	3	1	2	3
③ 教員や他の院生に、私生活に干渉するようなことを言われたり、されたりした	1	2	3	1	2	3
④ 教員や他の院生に、教育・研究とは関係ない私的な用事をやらされた	1	2	3	1	2	3
⑤ 教員や他の院生に、学業や研究や論文について不当な評価を受けた	1	2	3	1	2	3
⑥ 教員や他の院生に、進学や就職に関して不当な扱いを受けた	1	2	3	1	2	3
⑦ 教員や他の院生に、十分な指導をしてもらえなかった	1	2	3	1	2	3
⑧ 教員や他の院生に、他人の前で嘲笑されたり罵声を浴びせられたり、ひどい非難・叱責を受けた	1	2	3	1	2	3
⑨ 教員や他の院生に、事実無根のうわさを流された	1	2	3	1	2	3
⑩ 教員や他の院生に、長時間問い詰められたり、その場から離脱できないことがあった	1	2	3	1	2	3
⑪ 教員や他の院生に、食事や飲み会への参加や、お酒を飲むことを強要された。	1	2	3	1	2	3
⑫ 教員や他の院生が、あなたに対して指示したことを忘れたり、指示内容を頻繁に変えるということがあった	1	2	3	1	2	3
⑬ 教員や他の院生が、机を叩いたり、物を投げたり、大声で怒鳴ったりすることがあった	1	2	3	1	2	3
⑭ 教員や他の院生に、他の教員の悪口を聞かされた	1	2	3	1	2	3
⑮ 教員や他の院生に、暴力をふるわれたことがあった	1	2	3	1	2	3

すべて 3 と答えた人はスキップして 5 ページ **質問 4** へお進みください。
それ以外の人は、次のページ **質問 3** へお進みください。

質問3 質問2で①～⑮のいずれかで3以外の番号に○をした人（つまり体験したことがあると答えた人）は、次の（1）～（5）までの質問にお答えください。

(1) ○をつけたもののうちでもっとも不快だった体験はどれですか。①～⑮のうち、1つだけ選んで、その数字を右の（　）に記入してください。➔（　　　）

(2) その相手の(A)性別と人数、(B)その時の相手の立場について、あてはまる番号を○で囲んでください。

(A) 性別と人数
① 一人の男性
② 複数の男性
③ 一人の女性
④ 複数の女性
⑤ 複数の男女
⑥ 不明
⑦ その他（具体的に　　　　　　　　）

(B) その時の相手の立場(当てはまるものすべてに○をつけてください)
① 指導教員
② 指導教員以外の同じ研究室・講座の教員・研究員
③ その他の教員
④ 研究室の先輩
⑤ 研究室の同級生や下級生
⑥ その他（具体的に　　　　　　　　）

(3) そのような体験をして、あなたに何か変化が起きましたか。次の①～⑩までの文章について、1から4のうちあてはまる番号を○で囲んでください。

	全くあてはまらない	あまりあてはまらない	ややあてはまる	かなりあてはまる
① よく眠れなくなった	1	2	3	4
② 体に不調を感じるようになった	1	2	3	4
③ 自分を支えてくれる人はいないと思うようになった	1	2	3	4
④ 自分は無力だと感じるようになった	1	2	3	4
⑤ 誰にも親しみの感情が湧かなくなった	1	2	3	4
⑥ 自分はだめな人間だと思うようになった	1	2	3	4
⑦ 警戒心が強くなった	1	2	3	4
⑧ これまでの研究テーマを継続することに迷いが生じた	1	2	3	4
⑨ この体験を思い出させるようなことを避けるようになった	1	2	3	4
⑩ 将来の進路や職業の選択に影響が出た	1	2	3	4

(4) そのような体験をしたとき、相手にあなたはどう対処しましたか。①～⑤のうちあてはまる番号すべてに○で囲んでください。
① 相手にやめるように頼んだ、または抗議した
② 相手にいやだということをそれとなく伝えた
③ 無視したり、相手を避けたり、研究室に行くのをやめた
④ 我慢した、何もしなかった
⑤ その他（具体的に　　　　　　　　）

4

(5) あなたはその体験を誰かに相談しましたか。当てはまる番号を○で囲んでください。
① した　　　➔ (6) に進んでください。
② しなかった　➔ (7) に進んでください。

(6) 上記(5)の質問で「①した」と答えた人に尋ねます。誰に相談しましたか。次の①から⑬までのうち、当てはまる番号をすべて○で囲んでください。
① 家族
② 大学の友人や先輩
③ 大学外の友人・知人
④ 指導教員
⑤ 指導教員以外の教員
⑥ 大学の職員
⑦ 本学のハラスメント相談室
⑧ 本学の保健管理センター
⑨ その他の大学の相談窓口
⑩ 弁護士や警察、NPO など学外の機関や専門家
⑪ ネットなどの不特定の相手
⑫ その他（　　　　　　　　　　　　　　）
⑬ 答えたくない

(7) 上記(5)の質問で「②しなかった」と答えた人に尋ねます。それはなぜですか。①から⑨までのうち、当てはまる番号をすべて○で囲んでください。
① 相談する必要を感じなかったから
② 誰に相談したらよいのかわからなかったから
③ 相談したことが外部に知られるのが不安だったから
④ 相談しても訴えをわかってくれると思えなかったから
⑤ 相談しても事態を改善できるとは思えなかったから
⑥ 他人に相談すること自体が苦痛だったから
⑦ 相談に時間や労力をかけるより、早く修了して（大学から）出ようと思ったから
⑧ その他（具体的に　　　　　　　　　　　　　　　　　　　）
⑨ 答えたくない

ハラスメント相談室についておうかがいします

質問4　次の（1）から（3）にお答えください。
(1) 本学には、セクシュアル・ハラスメントやアカデミック・ハラスメントに関する相談窓口として、ハラスメント相談室が置かれています。あなたは、そのことを知っていますか。次の①、②のうち、あてはまる番号を○で囲んでください。
①知っている　　　　　②知らない
→「①知っている」と答えた方にお尋ねします。相談室のことを何によって知りましたか。当てはまるものをすべて○で囲んでください。
① 研究科主催のハラスメント研修
② 全学対象の研修
③ 入学の際のガイダンス
④ 大学の授業
⑤ 大学のHP
⑥ ハラスメント相談室のリーフレット・ガイドライン小冊子を見て
⑦ 学内の教員・職員から聞いて
⑧ 先輩や友人から聞いて
⑨ その他（具体的に　　　　　）

(2) あなたはこれまでハラスメント相談室を利用したことがありますか。あてはまる番号を○で囲んでください。
①ある　　　②ない
→「①ある」と答えた人にお尋ねします。相談室を利用して、問題が解決しましたか。
① 解決した
② ある程度は解決した
③ 解決しなかった、あるいは、まだ解決していない

5

④ 解決しなかったが、問題はなくなった
⑤ その他（　　　　　　　　　　　　　　　　　　　　）

(3) もし、これからあなたが質問2や質問3のような不快な体験をして困ったとき、相談室に行くと思いますか。次の①～⑤のうち、あてはまるものすべてを○で囲んでください。
① ハラスメント相談室に相談すると思う
② ハラスメント相談室以外の相談窓口に相談すると思う
③ 現状ではハラスメント相談室には相談しないと思う
④ 学外の機関や専門家に相談すると思う
⑤ その時になってみないとわからない

◎ ①と⑤に○をつけた人は、次のページの質問5にお進みください。
②③④に○をつけた人は、次の質問（4）～（5）にお進みください。

(4) 上の（3）で②③④を選んだ人にお尋ねします。それは、なぜですか。次の①～⑨の中からあてはまる番号にすべて○をつけてください。
① 相談に行くほどの被害を受けるとは思えない
② 相談してもよい内容なのかどうかがわからない
③ 秘密厳守と言うが、相談したことが教員や他の院生に知られるのが不安である
④ 相談室では院生の訴えをわかってくれると思えない
⑤ 相談室では事態を改善できるとは思えない
⑥ 相談したことで加害者や周囲の反感を買って、かえって不利な状態になると思う
⑦ 忙しくて相談する時間がない
⑧ 相談に時間や労力をかけたくない。それより、なるべく早く修了して大学を出たい。
⑨ その他（具体的に　　　　　　　　　　　　　　　　　　　　）

(5) どのような条件があれば、相談に行くと思いますか。次の①～⑤の中からあてはまる番号にすべて○をつけてください。
① どのような相談員がいるかがわかれば、相談に行くかもしれない
② 本学で被害者がどのように救済されているか具体的な情報があれば、相談に行くかもしれない
③ 本学で加害者がどのように指導されているか具体的な情報があれば、相談に行くかもしれない
④ その他（具体的に　　　　　　　　　　　　　　　　　　　　）
⑤ どのように条件が整えられても、相談には行かない

質問5 ハラスメントをなくすために大学が取り組むべきとあなたが考えることを以下から３つまで選んでください。
① 研修や講演会などで啓発を進める
② ハラスメント相談室があることを周知徹底する
③ ハラスメント防止教育を学生のカリキュラムや教職員の研修に組み込む
④ 教員対象の研修を徹底する
⑤ 学長や研究科長などの大学幹部が率先してハラスメント防止に努める
⑥ 人権やジェンダーに関する意識啓発を進める
⑦ 被害者のケアのためのサポート体制を充実させる
⑧ 専門的知識を持った相談員を増やすなど相談体制をもっと充実させる
⑨ その他（　　　　　　　　　　　　　　　　　　　　）

6

最後に、あなた自身のことをおうかがいします

質問6 次の（1）から（4）までの質問にお答えください。

(1) あなたの性別にあてはまる番号を○で囲んでください。

①男性　②女性　③答えたくない

(2) あなたの所属する研究科について、①～⑫のうちあてはまる番号を1つだけ○で囲んでください。なお、答えたくない場合は、⑧を○で囲んでください。

① ○○研究科
② ○○研究科
③ ○○研究科
④ ○○研究科
⑤ ○○研究科
⑥ ○○研究科
⑦ ○○研究科
⑧ 答えたくない

(3) あなたの現在の博士課程への入学年度を書き込んでください。なお、前期・後期の区別のない4年課程の場合は、後期生相当としてお答えください。

（博士課程前期生）
① 平成（　）年度に入学した
③ 答えたくない

（博士課程後期生・4年課程生）
② 平成（　）年度に入学した
④ 答えたくない

(4) あなたの出身学部あるいは出身大学院について、①～⑯のうちあてはまる番号を、○で囲んでください。なお、4年課程生の場合は、⑧～⑯のうちからお答えください。

（前期生）
① ○○大学の同じ学部の出身である
② ○○大学の他の学部の出身である
③ 他の大学の出身である
④ 社会人入学である
⑤ 留学生である
⑥ その他（　　　　）
⑦ 答えたくない

（後期生・4年課程生）
⑧ ○○大大学院の同じ研究科の出身である
⑨ ○○大大学院の他の研究科の出身である
⑩ 他の大学院の出身である
⑪ ○○大学の学部（6年課程）の出身である
⑫ 他の大学の学部（6年課程）の出身である
⑬ 社会人入学である
⑭ 留学生である
⑮ その他（　　　　）
⑯ 答えたくない

自由記述欄

本調査へのご意見ご感想、あるいはあなたの研究室のことなどで困っていることや改善してほしいことがあれば、ご自由にお書き下さい。

以上で、本アンケートはすべて終了しました。
□ 回答もれがないか、もう一度ご確認ください。
□ 同封の返信用封筒に入れて○月末日までに、郵便ポストに投函してください（詳しくは、表紙参照）。
ご協力ありがとうございました。

7

広島大学ハラスメント相談室規則

（趣旨）

第1条 この規則は、広島大学学則（平成16年4月1日規則第1号）第18条の規定に基づき、広島大学ハラスメント相談室（以下「相談室」という。）の管理運営に関し必要な事項を定めるものとする。

（目的）

第2条 相談室は、広島大学（以下「本学」という。）の学内共同利用施設として、職員、学生、生徒、児童及び園児が当事者となるハラスメントに関する相談を受け付け、及びハラスメントの防止を推進することを目的とする。

（業務）

第3条 相談室は、前条の目的を達成するため、各部局等と連携・協力の下、次に掲げる業務を行う。

（1）ハラスメントに関する相談
（2）ハラスメントの処理手続に関する相談
（3）ハラスメントに関する相談窓口の連絡調整
（4）ハラスメント防止のための相談
（5）ハラスメントに関する教育・研修
（6）ハラスメント防止のための諸企画の実施
（7）その他ハラスメントの相談・防止・啓発活動に関する業務

2 前項に定めるもののほか、相談室は、必要に応じ、次に掲げる業務を行う。

（1）相談のあったハラスメントの解決のための各部局等への調整の依頼等
（2）ハラスメント調査会設置のための学長への上申
（3）当事者又は関係者から学長への不服申立があった場合の受付

（組織）

第4条 相談室に、次の職員を置く。

（1）室長
（2）専任教員
（3）相談員
（4）その他必要な職員

第5条 室長は、本学専任の教授をもって充てる。

2 室長は、学長が任命する。

3 室長は、相談室の業務を掌理する。

4 室長の任期は、2年とし、再任を妨げない。

5 室長が辞任を申し出たとき、又は欠員となったときの後任者の任期は、その任命の日から起算して1年を経過した日の属する年度の末日までとする。

第6条 相談室の専任教員は、役員会の議を経て、学長が任命する。

第7条 相談員は、学長が必要と認める本学の職員又は学外の専門家をもって充てる。

2 相談員の任期は、2年とし、4月1日に任命又は委嘱することを常例とする。ただし、4月2日以降に任命又は委嘱された場合の任期は、その任命又は委嘱の日から起算して1年を経過した日の属する年度の末日までとする。

3 相談員の再任は、妨げない。

(ハラスメント対策委員会)

第8条 相談室に、広島大学ハラスメント対策委員会(以下「対策委員会」という。)を置く。

第9条 対策委員会は、次に掲げる委員で組織する。

(1) 室長

(2) 副理事のうち学長が指名する者

(3) 各研究科、各研究院、原爆放射線医科学研究所及び病院の副部局長又は教授のうちから、当該部局長が推薦する者1人

(4) 相談室の専任教員

(5) 相談員(学外の専門家にあっては、弁護士である者に限る。)

(6) 対策委員会が必要と認めた者若干人

2 委員は、学長が任命する。

3 第1項第3号(副部局長である者を除く。次項において同じ。)及び第6号の委員の任期は、2年とし、4月1日に任命することを常例とする。ただし、4月2日以降に任命された場合の任期は、その任命の日から起算して1年を経過した日の属する年度の末日までとする。

4 第1項第3号及び第6号の委員の再任は、妨げない。

第10条 対策委員会は、相談室に関し次に掲げる事項を審議し、その業務を処理する。

(1) 管理運営の基本方針(教員人事・予算の原案作成等を含む。)に関すること。

(2) 相談室が行う防止・啓発活動の支援に関すること。

(3) 相談室が受けた相談の内容等に関する情報の把握と共有の推進に関すること。

(4) ハラスメントに関する自主研修に関すること。

(5) その他相談室の運営及びハラスメントの防止等に関し必要な事項

第11条 対策委員会に委員長を置く。

2 委員長は、委員のうちから学長が任命する。

3 委員長の任期は、2年とし、4月1日に任命することを常例とする。ただし、4月2日以降に任命された場合の任期は、その任命の日から起算して1年を経過した日の属する年度の末日までとする。

4 委員長の再任は、妨げない。

5 委員長は、対策委員会を招集し、その議長となる。

6 委員長に事故があるときは、委員長があらかじめ指名した委員が、その職務を代行する。

第12条 対策委員会は、必要と認めたときは、委員以外の者の出席を求め、その意見を聴くことができる。

(事務)

第13条 相談室に関する事務は、関係部局等の協力を得て、教育室教育部学生生活支援グループ及び財務・総務室人事部服務グループにおいて処理する。

（雑則）

第14条 この規則に定めるもののほか、この規則の実施に関し必要な事項は、別に定める。

附則　省略

広島大学における ハラスメントの防止等に関する規則

（趣旨）

第1条 この規則は、広島大学学則（平成16年4月1日規則第1号）第28条の規定に基づき、広島大学（以下「大学」という。）におけるハラスメントが職員、学生、生徒、児童及び園児並びにその関係者（以下「構成員」という。）の人権を侵害し、又は就学、就労、教育若しくは研究（以下「就学・就労」という。）の権利等を侵害するものであるという認識にたち、大学においてその発生を防止するとともに、事後、適切に対応するため、ハラスメントの防止に関し必要な事項を定めるものとする。

（定義等）

第2条 この規則において「ハラスメント」とは、セクシュアル・ハラスメント及びそのほかのハラスメントをいう。

2 この規則において「セクシュアル・ハラスメント」とは、一定の就学・就労上の関係にある大学の構成員が、相手の意に反する性的な性質の不適切な言動を行い、これによって相手が、精神的な面を含めて、学業や職務遂行に関連して一定の不利益・損害を被るか、若しくは学業や職務に関連して一定の支障が生じること、又は就学・就労のための環境を悪化させることをいう。

3 この規則において「そのほかのハラスメント」とは、セクシュアル・ハラスメントにはあたらないが、一定の就学・就労上の関係にある大学の構成員が、相手の意に反する不適切な言動を行い、これによって相手が、精神的な面を含めて、学業や職務遂行に関連して一定の不利益・損害を被るか、若しくは学業や職務に関連して一定の支障が生じること、又はそのようなおそれがあることをいう。

4 ハラスメントの行為者とされた者（以下「行為者とされた者」という。）の言動が次の各号のいずれかに該当する場合は、ハラスメントがあると認めるものとする。

(1) 行為者とされた者が第2項又は前項の行為を行うとの意図を有していたと認められるとき。

(2) 当該言動が明らかに社会的相当性を欠くと認められるとき。

（防止及び啓発）

第3条 大学は、職員及び学生等に対し、ハラスメントの発生を防止するための啓発に努める。

（相談体制）

第4条 大学におけるハラスメントに関する相談への対応は、広島大学ハラスメント相談室（以下「相談室」という。）が行う。

2 相談室は、前項の相談に際し、ハラスメントの被害を受けたとする者（以下「被害を受けたとする者」という。）のプライバシーを保護し、人権を侵害しないよう十分に配慮するものとする。

（調査体制）

第5条 学長は、ハラスメントの事実関係を調査するため、及び必要な措置を講じるため、当該の事案ごとに広島大学ハラスメント調査会（以下「調査会」という。）を設置する。

2 前項の調査会に関し必要な事項は、別に定める。

3 調査会は、被害を受けたとする者、行為者とされた者及びそのほかの関係者から公正な事情聴取を行い、調査結果を速やかに学長に報告する。

4 前項の事情聴取においては、事情聴取対象者の人権やプライバシーの保護には十分に配慮するものとする。

5 調査会は、調査の過程で、被害を受けたとする者の緊急避難措置、被害を受けたとする者と行為者とされた者との間の調整又は被害を受けたとする者若しくは行為者とされた者の配属又は所属する部局等での調査や調整等の勧告等の必要を認めたときは、これを行う。

6 前項の勧告に基づき、部局等に調査会を置くことができる。

（措置等の決定）

第6条 学長は、調査会からの調査結果の報告を受け、被害を受けたとする者の不利益の回復、環境の改善及び行為者とされた者に対する指導の措置等を決定する。

2 学長は、前項の決定に当たり、さらに審議が必要と認められる事項については、教育研究評議会（以下「評議会」という。）に付議する。

（措置等の実施）

第7条 学長は、前条の決定（評議会の審議内容等を含む。）に基づき、必要な措置等を講じる。

（告知及び不服申立て）

第8条 学長は、前2条の結果について、被害を受けたとする者及び行為者とされた者に対し告知するものとする。

2 前項の告知内容について不服がある者は、学長に異議を申し立てることができるものとする。

（雑則）

第9条 この規則に定めるもののほか、ハラスメントの防止及び事後の対応に関し必要な事項は、別に定める。

附則 省略

広島大学における
ハラスメントの防止等に関する
ガイドライン

1 このガイドラインの目的

広島大学(以下「本学」という。)は、本学におけるハラスメントが本学の構成員の人権を侵害し、就学・就労及び教育・研究の権利等を侵害するものであるという認識にたって、学内外での発生を防止するとともに、事後、適切に対応することに努めます。

このガイドラインは、「広島大学におけるハラスメントの防止等に関する規則(以下「防止規則」という。)」に基づき、ハラスメントに対する本学の基本姿勢や手続き等をわかりやすく解説したもので、これを広く周知することにより、ハラスメント防止・啓発の促進等を図ることを目的とします。

2 ハラスメントに対する本学の基本姿勢

(1)本学の構成員が個人として尊重され、差別やハラスメント、あらゆる人権侵害を受けることなく就学・就労及び教育・研究ができるよう、十分な配慮と必要な措置を講じます。

(2)ハラスメントの被害を防止するための環境改善や、広報、教育、研修などの啓発活動を行います。

(3)ハラスメントに関する疑問や悩みを安心して相談できるよう、体制を整備し、問題の早期の発見と迅速な解決のため、必要に応じて適切な調査を行い、その結果に基づいて厳正に対処します。

3 ガイドラインの適用範囲

このガイドラインは、本学の構成員を対象にしています。

(1)「本学の構成員」とは、本学の職員(職員とは、大学に勤務するすべての者をいう。)、学生、附属学校園の生徒、児童及び園児(以下「職員・学生等」という。)並びに「その関係者」をさします。

また、「その関係者」とは、学生等の保護者、本学の病院や図書館などの施設・機関を利用する者並びに関係業者などをさします。

(2)離職後の職員、卒業・修了・退学後の学生等が、本学における籍を失った場合でも、在籍中に受けたハラスメントについて相談できます。

(3) 本学の「職員・学生等」の間でハラスメントが生じた場合、その発生が授業時間外や勤務時間外はもちろん、学外であっても相談できます。

(4)本学の「職員・学生等」と「その関係者」との間で発生したハラスメントについても、相談に応じるとともに、必要に応じて他の機関と連携をとります。

(※「その関係者」が本学の「職員・学生等」に対してハラスメントを行った場合には、ガイドラインがそのまま適用されない場合があります。)

(5) 本学の「職員・学生等」が、インターンシップや学外での実習、学会活動など教育・研究活動などの中でハラスメントを受けた場合にも相談できます。

4 本学の責任と構成員の義務

(1)学長は、本学におけるハラスメントの防止等に関する施策を統括する全般的な責任を負います。

(2)各部局等の長は、当該部局等におけるハラスメントの防止等に関してその施策を具体的に実施する責任を負います。

(3)すべての職員は、ハラスメントのない良好な就学・就労環境を確保するよう普段から努め、身近にハラスメントが生じた際には、問題解決のため迅速かつ適切に対処する責任を負います。

(4)本学のすべての「職員・学生等」は、個人としての人格を相互に尊重することに努めるとともに、自他のハラスメントを防止することに努める義務を負います。

❷

5 ハラスメントの定義と形態

本学の防止規則では、「ハラスメント」を、「セクシュアル・ハラスメント」と「そのほかのハラスメント」の二つに分けて定めています。

以下に、ハラスメントの定義と、形態及びそれにあてはまる可能性のある行為を例示します。なお、これらが防止規則に定めるハラスメント行為かどうかは、それが行われたいきさつや、被害を受けた者がどのように感じたか、どのような意味をもつ行為であったかなど、総合的客観的に判断されます。特に、被害を受けた者にとって意に反する行為で、就学就労に一定の不利益、損害、支障をもたらす場合、ハラスメントとされる可能性が大きくなります。

また、言動が当事者間では許容されることであっても、当事者以外に対して、不利益や不快感を与えたりする言動もあります。

そうした行為が、明らかに社会的相当性を欠くと認められるときは、ハラスメント行為と認められることがあります。

(1)セクシュアル・ハラスメントの定義と形態

防止規則では、セクシュアル・ハラスメントは、「一定の就学・就労上の関係にある大学の構成員が、相手の意に反する性的な性質の不適切な言動を行い、これによって相手が、精神的な面を含めて、学業や職務遂行に関連して一定の不利益・損害を被るか、もしくは学業や職務に関連して一定の支障が生じること、又は就学・就労のための環境を悪化させることをいう。」と定められています。(第2条第2項)

「セクシュアル・ハラスメント」には、さまざまな形態があります。

1)【相手が望まない性的な誘いかけ、性的行為の強制】

これらにあてはまる可能性のある行為には、次のようなものがあります。

❸

① 執拗に、又は強制的に性的行為に誘ったり、交際を求めたりすること。
② 強引な接触及び性的な行為を行うこと。
③ 常軌を逸したストーカー行為などを行うこと。

<具体的な行為の例>

○夜遅くまで大学に残っていると、いつも必ず先輩が帰りを待っていて、頼んでいないのに自宅まで送ると誘うこと。

○指導教員が学生とふたりきりになると髪や首筋に触ってきたり、体を近づけてきたりすること。不快感でいっぱいだが断れず、研究室に行けなくなること。

○性的な意味合いの、気持ちの悪いメールを何通も送信すること。

○いつの間にか自分と交際しているかのように思い込んだメールが自分や同じ学部の人宛に執拗に送信されて、断っても中止しないこと。

2)【対価型セクシュアル・ハラスメント】

相手に対して優越的な地位を利用して性的な要求や誘いなどを行い、その服従又は拒否と引き替えに何らかの利益もしくは不利益(即ち対価)を与える行為です。また、特に対価を示したりすることはなくても、教員 - 学生、先輩 - 後輩などの上下関係を利用して、意に反する性的言動を行うことも、セクシュアル・ハラスメントになることがあります。

これらにあてはまる可能性のある行為には、次のようなものがあります。
①個人的な性的欲求への服従又は拒否を、教育上もしくは研究上の指導及び評価並びに学業成績等に反映させること。
②個人的な性的欲求への服従又は拒否を、人事又は労働条件の決定並びに業務指揮等に反映させること。
③教育上もしくは研究上の指導及び評価又は利益、不利益の与奪等を条件とした性的働きかけを行うこと。
④人事権もしくは業務指揮権の行使又は利益、不利益の与奪等を条件とした性的働きかけを行うこと

❹

⑤相手への性的な関心の表現を職務遂行に混交させること。
⑥性的魅力を誇示するような服装や振る舞いを要求すること。

<具体的な行為の例>

○教員が指導関係にある学生に、逆らったら指導上の不利益を受けるのではないかと困惑するような状況下で、性的な誘いかけをすること。

○上司や教員が、部下や指導学生との学会旅行や出張中に、ホテルの一室に呼び出すこと。

○教員が、「○○さんは自分の好みだから、特別にレポートの〆切を延長してあげる」などと発言すること。

○教員が学生に交際を断られたことの腹いせに、成績を認定しなかったり、評価を下げたりすること。

○教員が、「話すことがある」、「指導することがある」などといって学生を個室に呼び、性的関係を強要すること。

○指導教員が「学位を取るまでは結婚しないように」と指導すること。

○上司や教員が、女子職員や女子学生に、スカートで来ることや、化粧することなどを命じること。

3)【環境型セクシュアル・ハラスメント】

教育・研究・就業の場での性的言動によって、他の人の就学・就労環境を悪化させる行為を環境型セクシュアル・ハラスメントと言います。

これらにあてはまる可能性のある行為には、次のようなものがあります。

①学業や職務の途中に、相手の性的魅力や自分の抱く性的関心にかかわる話題を持ち出すなど、正常な学業や業務の遂行を性にかかわる話題、行動等で妨害すること。
②性的な意図をもって、身体への一方的な接近又は接触をすること。
③性的な面で、不快感をもよおすような話題、行動及び状況をつくること。

5

<具体的な行為の例>

○相手の身体を上から下までじろじろ眺めたり、目で追ったりすること。

○相手の身体の一部(肩、背中、腰、頬、髪等)に日常的に触れること。

○職場や教室で、不快感をもよおすような性的な話題を頻繁に持ち出すこと。

○相手が返答に窮するような性的又は下品な冗談を言うこと。

○研究室や職場にポルノ写真、わいせつ図画を貼るなど煽情的な雰囲気をつくること。

○卑わいな絵画や映像、文章等を強引に見せること。

○懇親会、課外や終業後の付き合い等で、下品な行動をとること。

○性に関する悪質な冗談やからかいを行うこと。

○相手が不快感を表明しているにもかかわらず、その場からの離脱を妨害すること。

○意図的に性的な噂を流すこと。

○個人的な性体験等を尋ねたり、自分の経験談を話したりすること。

○個人が特定できる形で、インターネットのサイトなどに、性的な内容の中傷やプライベートな情報の密告を書きこむこと。

このような行為が極端な場合や繰り返し行われている場合には、防止規則に定めるセクシュアル・ハラスメント行為と認められる場合があります。

4)【性別役割意識に基づく差別的言動】

本学の構成員を性別によって差別しようとする意識等に基づく行為をいいます。

これらにあてはまる可能性のある行為には、次のようなものがあります。

①異性一般に対して侮蔑的な発言をすること。
②個人の性的指向や性別自認に関して侮蔑的な発言をすること。
③異性であるという理由のみによって、性格、能力、行動、傾向等において劣っているとか、あるいは望ましくないものと決めつけること。
④同性愛や性同一性障害など性的マイノリティであるという理由のみによって、性格、能力、行動、傾向等において劣っているとか、あるいは望ましくないものと決めつけること。
⑤異性の主張や意見を、異性としての魅力や欠点に結びつけること。

<具体的な行為の例>

○職員や学生が「男のくせに根性がない」、「女には仕事を任せられない」、「女性は職場の花でありさえすればいい」、「女性は研究に向かない」、「男性は妻子を養う義務がある」、「女性は子どもを産むべき」など、特定の性別役割観を押しつける発言をすること。

○「男の子」、「女の子」、「僕」、「坊や」、「お嬢さん」、「おじさん」、「おばさん」などと人格を認めないような呼び方をしたり、特定の学生だけを「ちゃん」づけで呼んだりすること。

○研究室や職場で、女性であるというだけで飲食の世話、掃除、私用等を強要すること。

○研究室や職場で、女性には特定の服装で来ることを指示すること。

○同性愛や性同一性障害などの性的マイノリティに対して、差別的な表現を使うこと。

○性的指向をあげつらったり、からかったりすること。

7

(2) そのほかのハラスメント

防止規則には、「そのほかのハラスメント」を、「セクシュアル・ハラスメントにはあたらないが、一定の就学・就労上の関係にある大学の構成員が、相手の意に反する不適切な言動を行い、これによって相手が、精神的な面を含めて、学業や職務遂行に関連して一定の不利益・損害を被るか、もしくは学業や職務に関連して一定の支障が生じること、又はそのようなおそれがあることをいう。」と定めています。(第2条第3項)

これらの「そのほかのハラスメント」には、指導教員と学生、教授と研究員など教育・研究上の地位関係を利用して行われるハラスメントや、職員間の業務上の地位関係を利用して行われるハラスメント等があります。これらはアカデミック・ハラスメント(研究の場でのハラスメント)やパワー・ハラスメントと呼ばれています。

これらにあてはまる可能性のある行為には、次のようなものがあります。

①性別、年齢、出身、国籍、民族、人種、心身の障害及び傷病、容姿、性格等の個人的な属性を理由に、就学・就労上の機会、条件、評価等で相手を差別したり、排除したりすること。

②私的な、もしくは一方的な要求への服従又は拒否を、教育上もしくは研究上の指導及び評価並びに学業成績等に反映させること。

③私的な、もしくは一方的な要求への服従又は拒否を、人事又は労働条件の決定並びに業務指揮等に反映させること。

④教育上もしくは研究上の指導及び評価又は利益、不利益の与奪等を条件として、相手に私的な、もしくは一方的な働きかけを行うこと。

⑤人事権もしくは業務指揮権の行使又は利益・不利益の与奪等を条件として、相手に私的な、もしくは一方的な働きかけを行うこと。

⑥個人的な好悪の感情を、相手に対する教育又は職務の遂行に混交させること。

⑦指導に従わない相手に暴言を吐いたり、意図的に無視したり、暴力的な行為に及ぶ等、相手の人格又は身体を傷つける行為を行うこと。

⑧相手の意に反する行為に執拗に誘ったり、一定の行為を繰り返し強要したりすること。

8

⑨相手が不快感を表明しているにもかかわらず、その場からの離脱を妨害すること。
⑩相手を困らせるために、意図的に事実無根の噂を流すこと。

＜具体的な行為の例＞

【主に研究・教育の場で起こりやすい「そのほかのハラスメント」】

○教員が他の教員や学生に対し、文献や機器類の使用を理由なく制限したり、機器や試薬を勝手に廃棄して研究遂行を妨害したりすること。

○教員が他の教員や学生に対し、正当な理由がないのに研究室の立入を禁止すること。

○教員が学生に理由を示さずに単位を与えなかったり、卒業・修了の判定基準を恣意的に変更して留年させたりすること。

○教員が指導教員の変更を申し出た学生に「私の指導が気に入らないなら退学せよ」と言うこと。

○「忙しい」、「君も大人なんだから」などと言って、教員がセミナーを開かなかったり、学生への研究指導やアドバイスを怠ったりすること。

○主任指導教員が、学生の論文原稿を受け取ってから何ヶ月経っても添削指導をしないこと。

○教員自身の研究成果が出ない責任を、一方的に部下や学生に押しつけ、非難すること。

○学生の投稿論文に加筆修正しただけなのに、指導教員が第一著者となること。

○学生が出したアイデアを使って、教員が無断で論文を書いたり、研究費を申請したりすること。

○教員が、自分の気に入らない論文などを「読むな」と言ったり、研究会に「行くな」などと言ったりして、学生の研究の自由を制限すること。

○教員が、就職希望の学生に冷たく接し、大学院進学志望の学生を優遇

❾

すること。

○教員が、TA(ティーチング・アシスタント)やアルバイト、非常勤などの紹介を、多くの学生に紹介できる性質のものであるにも関わらず、気に入った学生にだけ不平等に行うこと。

【どこでも起こりうる「そのほかのハラスメント」】

○上司が部下に、必要な物品の購入に際して、理由なく購入を認めなかったり、必要書類に押印せず、研究や職務遂行を妨害したりすること。

○教員や上司が、食事やコンパなど、研究や職務以外の付き合いの良さなどによって、学生や部下を評価すること。

○飲み会などに参加することや、お酒を飲むことを強要すること。

○教員や上司が、他の学生や同僚の前で、特定の人をこきおろしたり、嘲笑したり、罵声を浴びせたりすること。

○教員や上司が、学生や部下に対して、挨拶を返さない、机を叩く、物を投げるなど横柄で尊大な態度で接したり、威嚇したりすること。

○教員や上司が、「体調が悪いので休ませてほしい」と願い出た学生や部下に対し、研究や仕事を強要すること。

○教員や上司が私的な用事を学生や部下に命じたり、車で送迎させたりすること。

○教員や上司が、ジョギングや山歩き、演奏会など私的な趣味、気晴らしの活動に有無を言わせず学生や部下を同行させること。

○職員や学生が、国籍、民族、人種、性別、年齢等を理由に特定の職員や学生に対して侮蔑的な発言をすること。

○個人に対する極端な批判・中傷・脅しのような内容を含むＥメールを、執拗に送りつけたり、同時に複数の人に送信すること。

○インターネットの公開ウェブサイトやＳＮＳなどのウェブ上のコミュニティにおいて、特定の個人の人格を傷つける誹謗中傷を書きこむこと。

⑩

なお、教育研究上何らかの不利益を与える場合には、本人が納得できるよう適切な説明を行う必要があります。それらを果たしていなかったり、些細なことでも繰り返し行うことにより相手に障害を与えたりするときは、ハラスメントとみなされることがあります。

どのタイプのハラスメントも、「行為者とされた者がハラスメント行為を行うとの意図を有していたと認められるとき」、又は「そうした行為が明らかに社会的相当性を欠くと認められるとき」は、ハラスメント行為を行ったと認められます(第2条第4項)。

6 相談

本学では学内共同利用施設としてハラスメント相談室を東広島キャンパスと霞地区キャンパスの2カ所に設置し、ハラスメント相談の対応にあたっています。相談を希望する人は、ハラスメント相談室の受付(20頁参照)へ申し込んでください。

なお、相談に当たっては、ハラスメント相談室の相談員(「ハラスメント相談員名簿」)の中から相談員を選ぶことができます。

【相談の例】

○「自分の問題がハラスメントかどうか、わからないので教えてほしい。」

○「ハラスメントで困っている状況をなんとか改善したい。」

○「自分ではなく友人や同僚がハラスメントで悩んでいるので、相談したい。」

ハラスメント相談室は、さまざまな理由での相談を広く受け付けています。

【ハラスメント相談室の対応】

①ハラスメント相談室では、ハラスメント問題の解決、被害の防止、回避の方法を相談に来た人(以下「相談者」という。)と共に考え、決定し、それをサポートします。

②相談員は、相談者の受けたというハラスメントについて一緒に考え、今後取りうる解決方法を提案し、相談者自身が意思決定をする援助をします。

③相談員は、必要に応じて、大学内外の関係機関を紹介したり、関係機関と連携を取ったりします。

④相談員は、相談者との協議のうえ、必要に応じて、関係の部局への「調整依頼」や、学長への「ハラスメント調査会設置上申」を行います。

⑤相談員は、調整依頼後あるいはハラスメント調査会設置後も事態の推移を見守り、相談者のサポートを継続して行います。

⑥相談は、面談を基本としますが、メールや電話での問い合わせ、場合によっては匿名での相談や第三者からの相談も受け付けます。

⑦相談員は、相談を受けている案件・相談を受けたケースの「ハラスメントの行為者とされた者」と、事実確認や調整のための接触は原則としてしないことになっています。

⑧相談員は相談者のプライバシーを守ります。相談したことを、相談者の許可なく相談員がほかの人に伝えることはありません。

⑨相談員の対応に満足できなかった場合は、申し出により、他の相談員に相談することもできます。

7 問題解決のためのプロセスと手続き

ハラスメントの被害を受けた場合の問題解決の方法には、被害を受けた人自身が相談員のアドバイスを受けながら自力でそれ以上の被害を受け

⑫

ないための行動を取るだけでなく、ハラスメント相談室を通じて部局長などへの調整を依頼すること（調整依頼）、学長のもとにハラスメント調査会の設置を申し立てること（調査会設置上申）などがあります。（22頁参照）

※問題解決へのプロセスのうち、どの方法をとるかは、被害を受けたとする者の意向が尊重されます。また、相談や問題の解決にあたっては、関係者のプライバシーについて最大限の配慮をします。

(1)調整

調整とは、相談者が訴える被害に着目し、それ以上被害を受けないようにするため、ハラスメントの行為者とされた者への注意・警告や、被害を受けたとする者への被害の救済措置などを行うことで、次の二つがあります。

①ハラスメント相談室が関係する部局や職場の長、学科長や専攻長、講座主任など管理監督する立場の者に依頼して職場環境や教育環境、人間関係の改善を行うこと。（その際に、相談された行為が防止規則に定めるハラスメントにあたるかどうかの厳密な調査や判断は必ずしも必要としません。）
②学長の下に設置されたハラスメント調査会が、調査の過程で、被害を受けたとする者と行為者とされた者との間の事態の改善を行うこと。

ハラスメント相談室が部局等に調整を依頼した結果、部局等で実施された措置として、例えば次のようなものがあります。
1）被害を受けたとする者と行為者とされた者との分離。
2）行為者とされた者への注意・警告・指導。
3）被害救済及び権利回復のための措置。
4）就学・就労環境全体を改善するための啓発。

⑬

【調整による対応例】

（以下の事例は、すべて個人が特定されることのないよう、複数の事例をミックスするなど内容を加工して示しています。）

○学生が、指導教員の度重なる暴言や長時間の拘束によって、研究室に行こうとすると吐き気やめまいがするなどの症状が出て、卒業研究を継続できないとの相談があった。ハラスメント相談室は、指導教員との関係の修復は困難と判断し、年度の途中であったが、学部長に対して、指導教員の変更と行為者の教員への教育指導の方法に関する注意喚起を依頼した。結果、指導教員が変更され、学生は卒業することができた。

○ある女性職員に対して男性職員が、業務を装って執拗なメールを送ったり、待ち伏せしたりするなどのつきまとい行為があった。相談室はその女性職員の希望を受けて、男性職員の上司に調整依頼を行った。その結果、女性職員は行為者と業務上の接触がないよう担当を変え、行為者に対しては上司が女性職員へのメール送信やつきまといをしないよう注意喚起をし、以後女性職員には被害がなくなった。

○ベテランの職員が、新入りの職員に対して、些細なミスを取り上げて多くの人の前で必要以上に強く叱責をしたり、業務指導を故意に行わなかったりすることを繰り返し、これまでも被害者が複数出たという相談があった。ハラスメント相談室が上司に調整依頼を行ったところ、上司が関係者に事情聴取を行い、行為者への注意をしたほか、席替えや配置換えを行って加害行為が起こりにくい環境を作った。また、相談者に対して報復的行為が行われていないかチェックするため、ハラスメント相談室が定期的な面接を行った。

○主任指導教員である教授のハラスメントのせいで研究室に行けなくなった博士課程後期の学生が相談に来た。ハラスメント相談室が研究科長に調整を依頼した結果、研究科長は主任指導教員を他の教

⑭

授に変更したうえで、前の主任指導教員と接触しなくてよい別の場所を確保した。学生は新たな主任指導教員のもとで研究を継続し、学位を取得した。

○不特定の学生に対して、人前で大声で怒鳴りつけたり、成績を不用意に漏らしたりする教員がいるという苦情があったため、ハラスメント相談室が学部長に調整を依頼した。学部長が、教員対象のハラスメント研修を複数回実施した結果、その教員のハラスメント行為はなくなった。

(2)ハラスメント調査会設置の申し立て

被害を受けたとする者がハラスメント相談室を通じて学長にハラスメント調査会の設置を上申することです。

被害を受けたとする者本人の努力や部局長等による調整によって問題が解決せず、被害を受けたとする者がハラスメント調査会の設置を希望する場合、ハラスメント相談室は学長に対してハラスメント調査会の設置を上申することができます。

(3)ハラスメント調査会の構成等

ハラスメント調査会は、設置の申し立てに応じて事案ごとに設置され、調査が終了した時解散します。

ハラスメント調査会は、理事、副学長又は部局等の長のうち学長が指名する者若干人、その他、本学の職員及び学外の専門家のうち学長が指名する者若干人によって構成されます。必要に応じ、被害を受けたとする者が所属する部局等の長及び行為者とされた者が所属する部局等の長を加える場合があります。また、必要と認めるときは、専門家の出席を求めることや調査を迅速に行うため、小委員会を置くことができるようになっています。

ハラスメント調査会の構成員を決める際は、公正な調査の妨げとならないような配慮をします。被害を受けたとする者が希望する場合は、相談員が被害を受けたとする者のハラスメント調査会での事情聴取に同席したり、ハラスメント調査会に相談員がオブザーバーとして出席し、被害を受けたとする者への経過報告を行うことができます。

行為者とされた者が希望する場合には、担当の相談員を配置することもできます。

上申書及びハラスメント調査会における報告においては、必要に応じ、被害を受けたとする者、行為者とされた者及び証言を行った者等を匿名とするなどプライバシー保護の措置を講じます。

(4) ハラスメント調査会の任務

ハラスメント調査会は、ハラスメントの被害を受けたとする者とハラスメントの行為者とされた者及びそのほかの関係者から事情聴取を行い、ハラスメントの事実関係を公正に調査するとともに、その結果を学長に報告します。また、調査の過程で、被害を受けたとする者の緊急避難措置、調整、部局内での調査や調整などの勧告とともに再発防止のための措置を行うこともあります。

(5)調査結果の学長への報告

ハラスメント調査会は、調査を可能な限り迅速に行い、調査結果を学長に文書で報告します。また、ハラスメントの内容が重大で、行為者とされた者に処分を含め、さらに審議が必要と思われる場合はその旨を併せて報告します。

(6)学長による措置と当事者への告知

学長はハラスメント調査会の報告に基づき、大学としてとるべき措置(被害を受けたとされる者の不利益の回復、環境の改善、再発防止、行為者とされた者に対する指導など)を講じます。

調査結果については、被害を受けたとする者及び行為者とされた者に対して告知されます。

なお、懲戒処分を行う際には、別途手続きを行うこととなります。

16

※懲戒処分の標準例
（「広島大学における職員の懲戒処分の指針」より抜粋）

(8) セクシュアル・ハラスメント（他の者を不快にさせる職場における性的な言動及び他の職員を不快にさせる職場外における性的な言動）

イ 暴行若しくは脅迫を用いてわいせつな行為をし、又は職場における上司・部下若しくは教員と学生等の関係に基づく影響力を用いることにより、強いて性的関係を結び若しくはわいせつな行為をした職員は、解雇又は停職とする。この場合において、その行為により相手が精神疾患に罹患したとき、又は辞職若しくは退学したときは、当該職員は解雇とする。

ロ 相手の意に反するわいせつな言辞、性的な内容の電話、性的な内容の手紙・電子メールの送付、身体的接触、つきまとい等の性的な言動（以下「わいせつな言辞等の性的な言動」という。）を繰り返した職員は、停職、出勤停止又は減給とする。この場合において、その行為により相手が強度の心的ストレスの重積による精神疾患に罹患したとき、又は辞職若しくは退学したときは、当該職員は解雇又は停職とする。

ハ 相手の意に反するわいせつな言辞等の性的な言動を行った職員は、減給又は戒告とする。

(9) セクシュアル・ハラスメント以外のハラスメント

イ 就学、就労、教育及び研究（以下「就学・就労」という。）上の関係に基づく影響力を持って相手の意に反する不適切な言動（或いは意図的な無視）又は不当な拘束等を繰り返し行い、学業や職務遂行に関連して一定の不利益・損害を与えた職員は、停職又は出勤停止とする。この場合において、その行為により相手が強度の心的ストレスの重積による精神疾患に罹患したとき、又は辞職若しくは退学したときは、当該職員は解雇又は停職とする。

ロ 相手の意に反する不適切な言動（或いは意図的な無視）等によ

⑰

り、精神的な面を含めて、就学・就労上に一定の支障を生じさせ、又はそのようなおそれがあると認められる行為を繰り返し行った職員は、減給又は戒告とする。この場合において、その行為により相手が強度の心的ストレスの重積による精神疾患に罹患したとき、又は辞職若しくは退学したときは、当該職員は解雇、停職又は出勤停止とする。

※学生に関しては、広島大学学生懲戒指針に基づき行うこととなります。

(7)懲戒処分の公表

ハラスメント行為者(学生等を除く)の懲戒処分が行われた場合には、「広島大学における職員の懲戒処分公表の指針」に従い公表します。ただし、プライバシー保護の観点から、公表内容を制限することもあります。

また、ハラスメント行為者が学生の場合、「広島大学学生懲戒指針」により対応することになります。

(8)調査結果の告知に対する不服申し立て

学長が行った告知に対して不服があるときには、被害を受けたとする者はハラスメント相談室を通じて、行為者とされた者は直接、学長に不服申立てを行うことができます。

8 その他の取り決め

(1)不利益取扱いの禁止

ハラスメントの相談をしたり、ハラスメント調査会の設置を申し立てたり、相談やハラスメント調査会に係る調査への協力をしたことで、相談者及び被害を受けたとする者や調査協力者が、行為者とされた者から、脅迫、威圧等を受けたり、報復その他の不利益な取扱いを受けることがあってはなりません。

そのような行為があった場合、その行為自体が二次加害行為として懲戒の対象になる場合もあります。

(2)プライバシーの保護

ハラスメントの相談や被害救済のプロセスに関与した担当者、相談員、職員は、関係者のプライバシーを守ります。本人の同意や承諾がない限り、職務上知りえた個人情報や相談内容について、みだりに他人に知らせ、又は不当な目的に利用してはなりません。また、取得した際の目的以外でそれらの情報を提供・利用する場合は、本人の同意を得て行います。

(3)虚偽の申し立ての禁止

ハラスメントに関する虚偽の申立てや証言をしてはなりません。そのような行為が確認された場合は、懲戒等の対象になる場合があります。

(4)ガイドラインの見直しについて

必要に応じてガイドラインの見直しを行います。

9 ハラスメント対策委員会

ハラスメント相談室は、相談への対応のほかにも、本学のハラスメントの実態を把握する活動をはじめ、教育研修や広報など啓発活動を行います。このハラスメント相談室の活動と運営は、ハラスメント対策委員会によって審議されます。また、ハラスメント対策委員会は、相談室が行うハラスメント防止・啓発のための活動の支援等を行います。

ハラスメント対策委員会は、ハラスメント相談室長、副理事のうち学長が指名する者、各研究科、原爆放射線医科学研究所及び病院の副部局長又は教授のうちから、当該部局長が推薦する者1人、ハラスメント相談室の専任教員、相談員、ハラスメント対策委員会が必要と認めた者若干人によって構成されています。

ハラスメント相談室が扱った相談の件数等の情報(個別の相談内容を除く。)はハラスメント対策委員会で報告され、防止・啓発活動に活かされます。

10 ハラスメント相談窓口

東広島地区ハラスメント相談室(総合受付)

開室時間：月曜日～金曜日　10時～17時
所 在 地：東広島市[redacted]
電話/Fax：082-[redacted]　(内線)[redacted]
E-mail [redacted]

霞地区ハラスメント相談室

開室時間：月曜日～金曜日　13時～19時
所 在 地：広島市南区霞[redacted]
電話/Fax：082-[redacted]　(内線)[redacted]

東千田地区ハラスメント相談室

開室時間：金曜日　13時～17時
所 在 地：広島市中区東千田町[redacted]

※いずれの相談も、相談受付は東広島地区ハラスメント相談室で行います。
※夏季一斉休暇期間、年末年始および祝日は閉室しています。

20

ハラスメント相談案件の手続きの流れ（全体図）

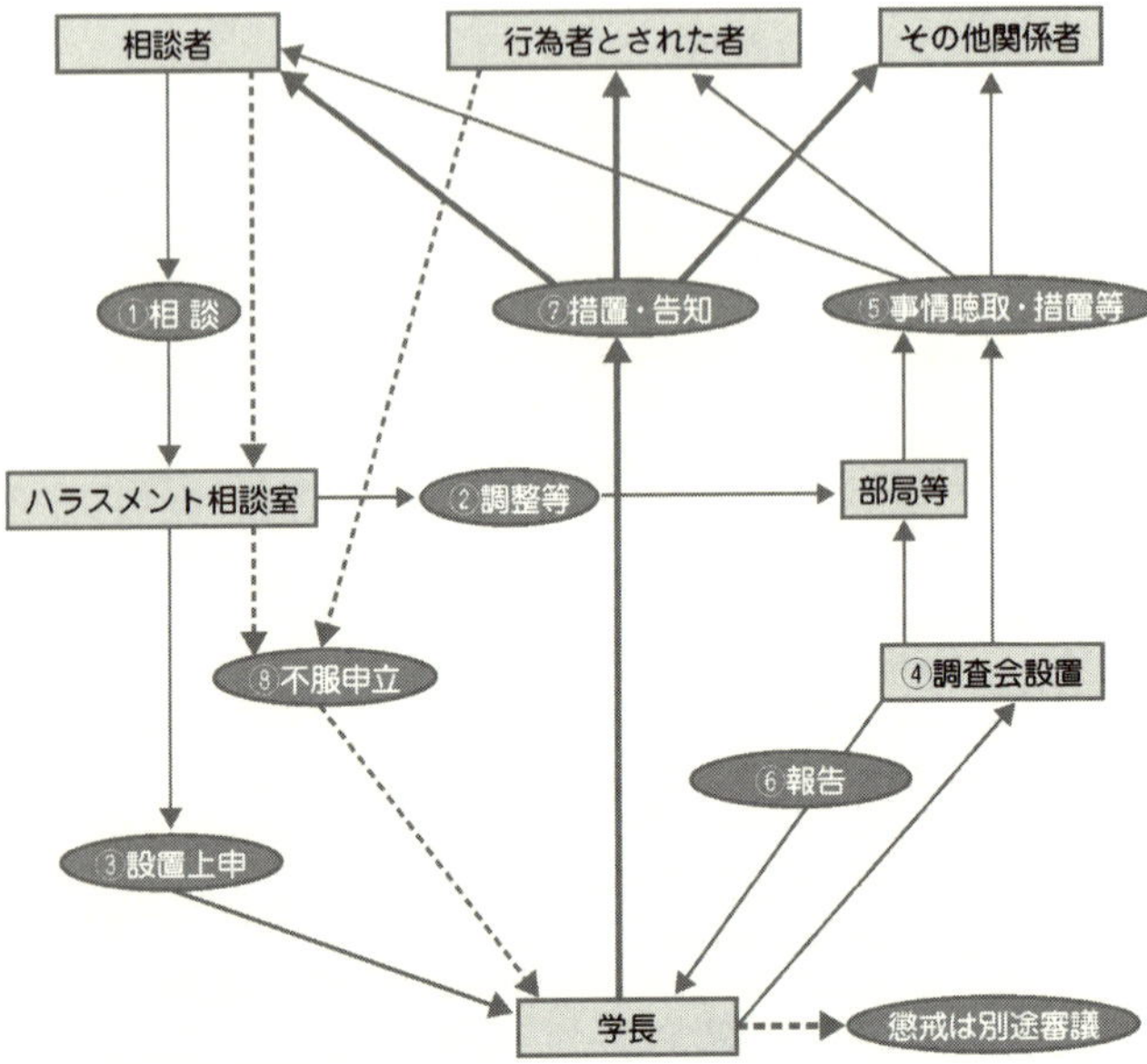

① ハラスメントの相談
② 関係者による調整等の依頼
③ 調査会の設置上申
④ 調査会の設置
⑤ 調査（緊急避難措置等の保護救済が必要と調査会が認めるときは，当該部局等の協力を得てこれを行う。）
⑥ 調査結果の報告
⑦ 相談者（被害者を受けたとする者）の不利益の回復，環境の改善及び行為者とされた者への指導の措置等，さらにそれらについての告知
⑧調査結果に対する不服申立

- - - - -▶：調査会決定後の手続き

㉑

ハラスメントの相談対応の流れ

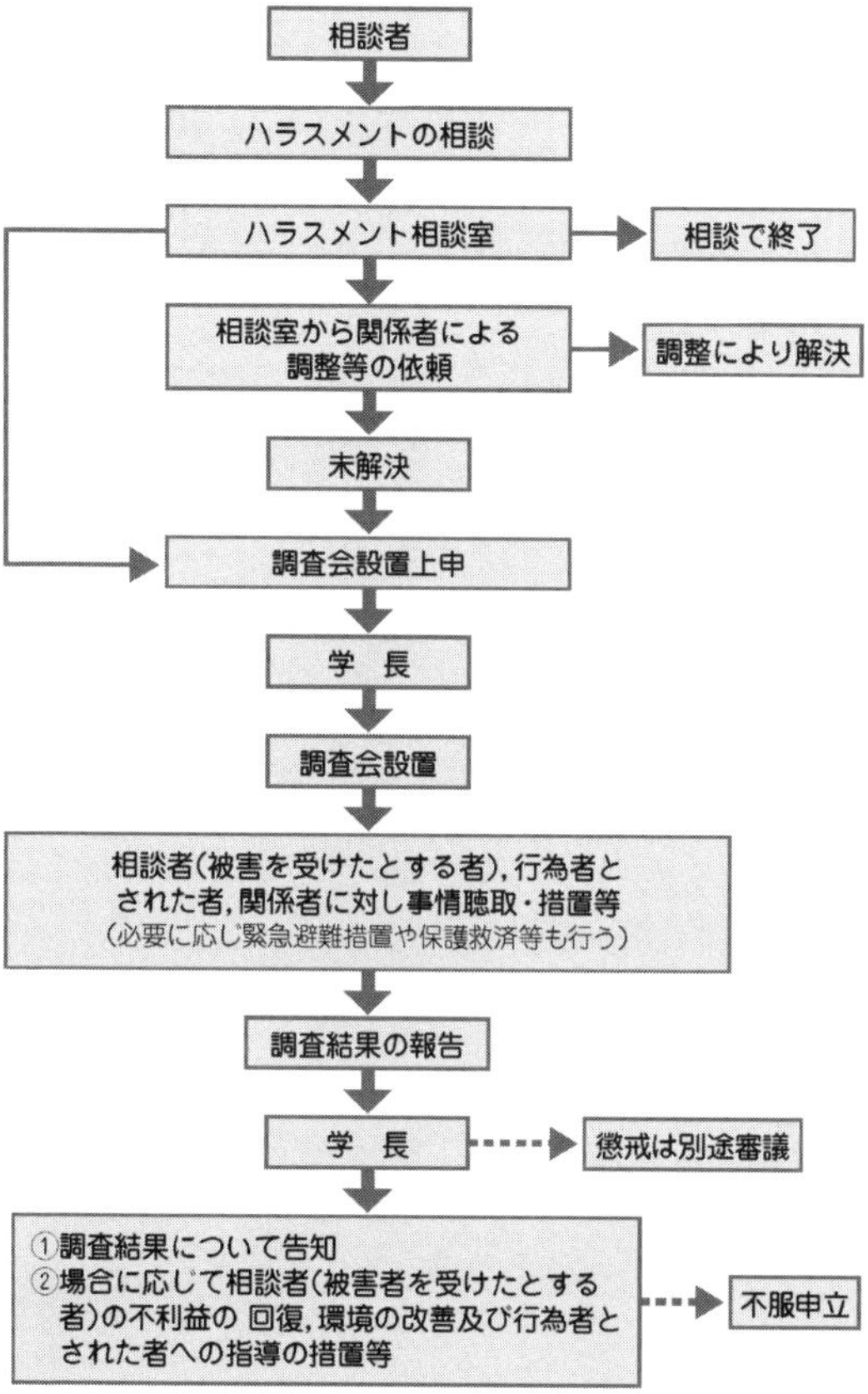

㉒

おわりに

私たちは共に社会学を専門とし、ジェンダーの視点からセクハラやDVなどの女性に対する暴力を研究対象としつつ、被害者支援にも長く関わってきた経験があります。この経験が、相談員としての対人援助の職務に大きく役立ってきました。

しかし実際に大学で、セクハラだけでなくアカハラの相談も受けるようになると、私たちがこれまで当然のことと考えていた大学の研究室でのルールや指導教員と学生の関係が、理工系や医学系の研究室では大きく異なることに気づきました。

相談室を開室した頃、「教授が帰るまで学生も帰れない」「やりたかったことと違う研究テーマを与えられた」といった相談がありました。文系の、なかでも拘束の少ない（と思われる）社会学出身の私たちは、自分の好きなときに研究室に行ったり、自分がやりたい研究テーマを選んだりすることのできない理系研究室の状況に驚いたものです。「大学なのだから、もっと学生の自主性を尊重するべきではないか」「学問の自由を制限するのはハラスメントにあたるのではないか」と思うこともしばしばでした。しかしチームで研究をやることの多い実験系の研究室では、毎日研究室に行くことや研究室全体で決まっているテーマの一部を学生が担うことは当然のことだということを、だんだん理解できるようになりました。医学系の研究室では、下位の研究者が独自の研究テーマで論文を書いたとしても、所属している講座の教授を共著者に入れるという暗黙のルールがあることも知りました。

このような研究分野による研究スタイルの違いや慣習、研究室の暗黙のルールを知った上で、何が「ハラスメント」と感じられ、どういったことが「被害」となるのか、「被害救済」とは何なのか、そしてそのために何をするべきなのかについて、非常に考えさせられました。もちろん、そうしたルールのなかには、それ自体が公正さを欠いたり、教育研究環境を害するものもあるでしょう。今は、そのことも含めて、相談者が悩み、困っていることに、どんな理屈と手法で解決の方向を見いだしていくかが、ハラスメント相談対応の肝要な点なのだと理解しています。

学生たちはさまざまな背景と希望と志をもって大学に入り、学んでいます。教える側の教員・研究者も、使命感をもって誠実に研究に情熱を傾けている人がほとんどです。学生は「この大学で学ぶことができてよかった」「この先生に出会えてよかった」と思い、教員は学生を教え育み、研究の楽しさを伝えることに喜びを感じることができる——大学という場でたまたま出会ったその両者が、そうしたお互いの信頼や尊敬に基づいた師弟関係を築くことの大切さを、「アカデミック・ハラスメント」という問題を通して再認識していただければうれしく思います。

最後に、本書の出版にあたってお世話になった方々に感謝の気持ちを記したいと思います。広島大学ハラスメント相談室の立ち上げ時から、大学という組織のなかでのハラスメント相談支援の基本的な考え方と手法を教えていただいた兒玉憲一先生、アカデミック・ハラスメントについて学術的な観点から常に示唆に富む助言をくださった湯川やよいさん、本書の出版を引き受け、なかなか進まない原稿を忍耐強く待ち、励ましてくださった寿郎社の下郷沙季さん、そして何より勇気を持ってハラスメント相談室の扉を叩き、一緒に解決の道を探ってくださった相談者の方々に、心よりお礼を申し上げます。

二〇一七年六月　北仲千里・横山美栄子

北仲千里（きたなか・ちさと）
1998年、名古屋大学大学院文学研究科博士後期課程修了。1997年ごろより「キャンパス・セクシュアル・ハラスメント全国ネットワーク」設立にかかわる。2007年から広島大学ハラスメント相談室准教授。NPO法人全国女性シェルターネット共同代表。NPO法人性暴力被害者サポートひろしま代表理事を務める。共著に『身体、性、生―個人の尊重とジェンダー』（尚学社）などがある。

横山美栄子（よこやま・みえこ）
1992年、お茶の水女子大学大学院博士課程単位取得後退学。2004年から広島大学ハラスメント相談室教授、2005年から同相談室室長。NPO法人福岡ジェンダー研究所理事、NPO法人アジア女性センター理事、広島県情報公開・個人情報保護審査会委員、広島市ハラスメント対策委員を務める。共著に『そこが知りたい！パワハラ対策の極意』（西日本新聞社）などがある。

アカデミック・ハラスメントの解決《かいけつ》 大学《だいがく》の常識《じょうしき》を問《と》い直《なお》す

発　行　2017年（平成29年）8月4日 初版第1刷

著　者　北仲千里 横山美栄子

発行者　土肥寿郎

発行所　有限会社寿郎社
〒060－0807 北海道札幌市北区北7条西2丁目37山京ビル
電話 011-708-8565　FAX 011-708-8566
E-mail doi@jurousha.com
URL http://www.jurousha.com/
郵便振替 02730-3-10602

印刷所　モリモト印刷株式会社

ISBN 978-4-909281-00-5 C0037